말의 힘

말의 힘

윤석금
지음

나를 바꾸고
운명을 바꾸는
긍정의 기술

경영정신

또또사랑

"또또사랑"은
사랑하고, 또 사랑하고,
또 사랑한다는 뜻입니다.

 일에 대한 사랑

 사회에 대한 사랑

 도전에 대한 사랑

 조직에 대한 사랑

 변화에 대한 사랑

 고객에 대한 사랑

나의 신조

문봉 윤석금

곰돌이(主주)

나는 당신의 매일 간호하여 상냥할 것이다.

나는 항상을 맞으며 오늘도 사랑하고 있을 것이다.
나는 당신과 함께하는 매체일 꼭 안아줄 것이며

나는 이 달콤 사랑이 의상에서 생각하고
다른 이를 돕는 또 다른 사랑가를 서술할 것이다.

내가 아내를 많이 사랑하는 듯 숨 쉴 법 황장을 발견할 것이며
나는 세상에서 항상 다가가고 곰곰이 생각하기와
그래서 보답이 될 것이다.

등등 여성사람의 마음으로, 마음이 빠르지 않도록 할 것이며
남들 은근하고 미안하가지기, 칠들이 안을 것이다.

나는 양심 이욱이 마음이 사람으로,
이야 응원과 아이 그리고 표정을 낼게 할 것이다.

나는 늘 맞아지아 사람으로 세들게 얼음 할 것이며
나는 꾸거 얼음 사랑 앞에 오길 곱 표이가지고,
클르가지 앞으로서길 것이다.

나는 당신의 등을일으며
파파해 아이몸까지나 그리고 이기니리 할 수 있고
당신 사랑도리가 나를 믿을 것이며
없이 배하는 사람으로 곧 더 큰 사람이 될 것이다.

서문

나는 행복을 바라지 않는다

사람들은 누구나 행복해지길 원한다. 사람들이 절에 가서, 교회에 가서 가장 많이 비는 것이 행복이다. 건강이 좋아지게 해달라든가 사업이 잘되게 해달라든가 돈을 많이 벌게 해달라든가 자식이 좋은 곳에 합격하게 해달라든가. 결국 그 모든 것은 행복에 대한 염원으로 귀결된다. 누굴 붙잡고 인생의 목적이 뭐냐고 물으면 거의 대다수가 행복이라고 답할 것이다.

나도 행복하다. 난 참 복 받은 사람이고 행운아라고 생각한다. 하지만 나는 행복을 원하지 않았다. 한 번도 행복을 인생의 목표로 삼은 적이 없다. 다만 나는 늘 이전보다 나은 사람이 되고자 했을 뿐이다. 그게 때로는 참 고통스러웠고, 때로는 참 기쁜 일이었다. 그런데 그런 시절을 지나고 보니 어느덧 늘 행복한 내가 되어 있었다. 그러니 나는 행복을 말하려는 게 아니다. 이 책은 변화에 대한 책이다.

스물일곱, 세상에 대한 불만이 가득한 청년이 있었다. 그 청년은 우연히 자신의 재능을 깨닫고 그것을 꽃피우는 세계로 걸어 들어갔다. 그 후 수십 년간 온갖 일을 겪으면서 수많은 사람을 만나고, 세상의 여러 이치를 깨달았다. 그러다 어느덧 거울에 비친 자신을 보니 예전과는 아주 다른 사람이 되어 있었다. 무엇이든 받아들이고, 고통을 겁내지 않고, 언제고 더 나아질 준비가 되어 있는 사람으로 변해 있었다.

내가 그랬듯, 많은 사람들이 평생에 걸쳐 변화를 꿈꾼다. 더 건강한 사람이, 더 돈 많은 사람이, 더 똑똑한 사람이 되고 싶어 한다. 그런데 그런 마음은 곧 쉽게 사라진다. 사는 게 힘들기 때문이다. 삶이 우리에게 약간의 불행만 건네도 사람들의 마음은 어둠으로 물든다.

'왜 나에게만 이런 일이 생겼을까.'

'내가 뭘 잘못한 게 있다고.'

'이게 다 너 때문이잖아!'

그런데 사는 건 원래 힘든 거다. 원래 인생에 기쁨은 잠깐이고 고통이 대부분이다. 부처님도 말씀하시지 않았는가. 인생은 고통의 바다라고.

그런데 그 당연한 일 앞에서 사람들은 조건반사처럼 불만을, 욕을 쏟아낸다. 부정적인 생각에 사로잡힌다. 그러면서 행복해지길 바란다.

일이 안 풀릴 때 나쁜 생각이 드는 건 당연하다. 그런데 우리가 원하는 건, 당연하지 않은, 예외적인 인생이다. 고통스러운 인생 속에서도 나만은 늘 행복하고 싶은 게 우리 욕심이다. 모두가 가난해도 나만은 부자로 살고 싶은 게 우리 욕심이다. 그렇게 당연하지 않은 인생을 꿈꾸면서도, 불행 앞에선 당연한 듯이 욕을 하고 탓을 한다. 그러니 결국 당연한 인생을 살게 된다.

예외적인 인생, 빛나는 삶을 살고 싶으면 당연하지 않은 반응을 해야 한다. 큰 고통을 이겨낸 사람, 불행 속에서도 결국 행운을 거머쥐는 사람을 우리는 찬양한다. 당연한 운명을 거슬러 당연하지 않은 결과를 만들어냈기 때문이다. 그러니 우리도 당연하지 않은 행동을 해야 한다. 삶이 어려울 때 불만을 얘기하고 포기하는 건 쉽다. 그러나 어떻게든 마음을 돌려먹고 어떻게든 해내려고 해보는 건 어렵다. 이 어려운 일, 당연하지 않은 행동을 해야 인생이 좋은 방향으로 꺾이기 시작한다. 아무런 노력도 하지 않으면서 저절로 삶의 방향이 바뀌기를 원하는 것만큼 한심한 게 어디 있겠는가.

생각하는 대로 살지 않으면, 사는 대로 생각하게 된다는 말이 있다. 내가 짧지 않은 인생을 살아보니, 이 말처럼 맞는 말이 없다. 인생이 5년, 10년뿐이라면 나쁜 마음을 먹고도 운 좋게 성공할 수도 있다. 하지만 50년, 60년을 살아보면 결국은 자기가 마음먹은 대로 살게 된다. 몸과 마음이 꽉 찬 사람은 결국 자기 인생을 그림처럼 완성해나간다. 하지만 마음이 텅 빈 사람은 아무리 부잣집에 태어나도 결국은 돈도 사람도 잃고 인생을 저주하며 살아가게 된다.

나는 이 책을 집어 든 독자에게 꼭 말하고 싶다.
자신의 운명에 떠내려가지 말라고. 그냥 떠내려가면서 욕만 해대서는 아무 소용 없다고. 단단히 이를 악물고 나뭇가지를 잡으라고. 다시 뜰 내일을 꼭 붙잡으라고 말이다.

운명을 거스르려는 모든 분께 이 책을 바친다.

차례

서문 나는 행복을 바라지 않는다   005

1장   나는 누구보다 부정적인 사람이었다   014

까막눈 동네의 꿈 없는 소년
"하나도 못 팔았습니다"
천국과 지옥을 오간 첫 판매의 기억
행운은 불행 뒤에 숨어서 온다
세일즈맨에겐 내가 첫 번째 고객이다

2장   긍정이 선물하는 인생의 면역력   040

"저를 서울로 보내주십시오"
인생엔 무균실이 없다

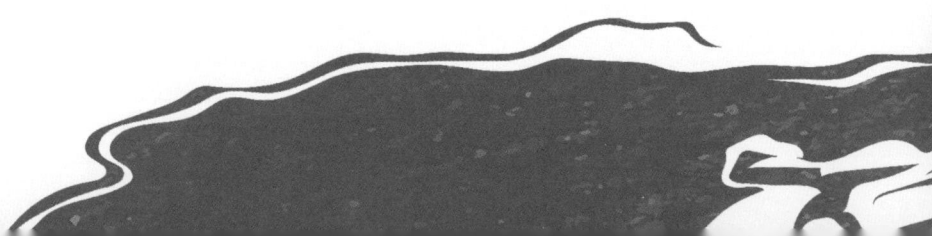

3장   무에서 유를 만들어내는 말의 힘   054

"마귀야, 물러가라!"
험악했던 구미 공장에서의 세 시간
말이 큰 힘을 발휘하는 이유
결과가 되는 말, 원인이 되는 말
인생을 바꾼 333자의 마법

4장   말 한마디로 106억 투자를 받다   076

무모한 편지 한 통
꿈을 꾸기 시작하다
미국에서 일본으로, 투자자를 찾아서
처음 보는 일본 회장에게 106억 투자를 받다
아무것도 하지 않으면 아무 일도 일어나지 않는다

5장 일단 최고로 만들어라

퇴근길에 탄생한 대박 아이디어 상품
좋은 제품에 대한 집착이 시작되다
왜 우리 책 속에 우리 아이들이 없을까?
『어린이마을』을 구해낸 여성들의 힘
세일즈맨 윤석금을 넘어서기 위한 고통
한 명의 사업가가 만들어지기까지

6장 스토리로 팔아라

이야기를 좋아하는 건 인간의 본능
깐깐하게, 룰루하게: 업계 판도를 바꾼 광고 이야기
역발상 마케팅 1: 〈웅진아이큐〉
역발상 마케팅 2: 렌털 정수기
정반대의 사례 뒤에 숨은 진짜 성공의 원인

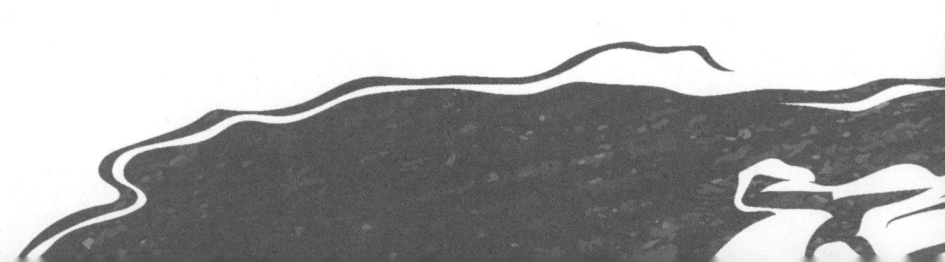

7장 사람의 힘을 믿어라 150

다시 입증된 우먼 파워, 코디
책상을 내리치는 매니저
사람은 자기를 믿어주는 사람을 위해 최선을 다한다
안 된다는 말에서 한 글자만 뺀다면
모두가 승자가 되는 인센티브의 마법

8장 실패 없는 인생은 시시하다 173

너무 일찍 상상한 미래
평생 이룬 것을 한순간에 잃는다면
나의 가장 나중 지닌 것은
누구보다 진하게, 마지막 한 방울까지

부록1 혁신과 경쟁력을 만들기 위한 10계명 188
부록2 세일즈 교육의 꽃, 롤플레잉 교육 방법 208

1장

나는 누구보다 부정적인 사람이었다

"어릴 적부터 크게 사업하는 게 꿈이셨나요?"

"그 수많은 역경 앞에서도 늘 긍정적이신 모습이 신기하기까지 합니다."

내가 재벌 출신이 아닌데도 웅진그룹이 재계 31위까지 오르자 여기저기서 이런 질문을 수없이 받았다. '샐러리맨의 신화'니 '세일즈의 왕'이니 하는 요란한 수식어들을 붙여가면서, 사람들은 내가 어떻게 이 자리까지 왔는지 궁금해했다. 그 뒤 우리 회사가 크게 어려움을 겪었을 때에도 마찬가지였다. 사람들은 내가 IMF 구제금융 상황에서 오히려 정수기 렌털 사업이라는 역발상을 해냈을 때에도, 회사가 법정관리까지 갔다가 조기졸업을 했을 때에도, 어떻게 그런 절체절명의 위기에서도 늘 길을 찾아내는지, 큰 어려움 앞에서도 어떻게 멘탈이 흔들리지 않는지 그걸 가장 궁금해했다.

하지만 나는 원래 긍정적인 사람은 아니었다. 아니, 오히려 누구보다 부정적인 사람이었다. 젊은 시절의 나는 뭐 하나 내세울 것도, 하고 싶은 것도 없는 사람이었다. 늘 남을 질투하고, 뭐든지 잘 안될 거라는 생각에 사로잡힌 부정적인 청년이었다. 지금의 모습과는 정반대의 모습이지만, 정말로 그랬다. 그래서 나는 부정적인 생각에 사로잡히면 어떤 일이 벌어지는지 잘 안다. 잠깐 그 얘기를 해볼까 한다.

까막눈 동네의
꿈 없는 소년

어린 시절 내 꿈은 밥을 실컷 먹는 것이었다. 4대째 농사를 짓던 우리 집은 피땀 흘려 일해도 가난하기만 했고, 9남매나 되는 탓에 늘 끼니 걱정에 시달렸다. 배만 고팠던 게 아니다. 내가 나고 자란 공주시 유구읍 만천리는 사방을 둘러봐도 논과 밭뿐인 농촌이었다. 유구읍에서도 2킬로미터나 더 들어가는 시골 오지에 살았으니 TV나 라디오는 꿈도 못 꿀 일이었다. 집에 동화책 한 권이 없었다.

그런데 우리 집만 그런 게 아니라 온 동네가 다 그랬다. 어른들은 새벽부터 밤까지 논밭에서 손톱이 닳도록 일을 했지만 아이들을 배불리 먹일 수 없었다. 한글을 깨친 사람도 거의 없어서 동네 사람 대부분이 문맹이었다. 그저 먹고사는 일밖에는 생각할 수가 없었다. 새벽부터 나가 일하다 점심을 먹고 나면 다음 날 끼니를 걱정해야 했다. 그러니 어른들이 아이들 교육에 신경을 쓴다는 건 불가능했다. 나는 중학생이 될 때까지 양치질 한 번, 목욕 한 번 제대로 한 적이 없을 정도였다.

여름이면 유구읍을 가로지르는 유구천에서 친구들과 멱을 감고 고기를 잡았다. 다른 아이들처럼 잔심부름을 하고 집안일을 도우며 아무 생각 없이 자랐다. 학교를 다니기는 했지만 공부를 잘해서 뭔가 큰 사람이 된다거나 그런 건 생각할 수 없었다. 누구도 나에게 "넌 꿈이 뭐니?" 하고 묻지 않았다.

내가 아는 세상은 그게 전부였다. 요즘처럼 TV가 있는 것도 아니고 신문도 귀했으니, 어떤 직업이 있는지 어떤 세상이 있는지 알지 못했다. 그러니 커서 어떤 사람이 되겠다는 목표나 꿈이 있을 리 없다. 그저 마을 사람 중 가장 깔끔하고 멋진 사람이 누군가 하고 보니 선생님이었다. 그래서 학교 선생님이 되면 좋겠다는 막연한 생각을 품은 게 다였다. 중학생이 되고 서울에 몇 번 가본 후로는 은행원이 되면 좋겠다는 생각을 한 적도 있다. 흰 셔츠에 양복을 입은 모습이 멋져 보였기 때문이다. 그뿐이었다.

그런 환경에서 자라면서 내가 갖게 된 것은 부정적인 생각들이었다.

'왜 우리 집은 이렇게 가난할까?'

'왜 우리 부모가 저렇게 고생하는데 집안 형편이 나아지지 않을까?'

'저 사람은 나보다 나은 게 하나도 없는데 부잣집에서 태어났다는 이유로 저렇게 쉽게 사는구나.'

'세상은 왜 더 열심히 산 사람들이 잘살도록 만들어지지 않았을까?'

이치에 맞는 생각들도 있었지만, 한 청년이 당장 뭘 어쩔 수 있는 질문들은 아니었을 것이다. 하지만 매일 그런 생각들을 하다 보니 청년 윤석금은 조금씩 조금씩 부정적인 사람이 되어갔다. 부잣집에서 태어난 사람들은 모두 무능하고 파렴치한 사람처럼 보였고, 내가 하는 일이 안 되는 건 모두 세상 탓이라고 생각했다. 나는 인생에서 가장 무서운 것, 자기 연민이라는 유령에 붙들려 있었다.

그런데 어느 날 그런 삶에 한 가닥 기회가 내려왔다.

"하나도 못 팔았습니다"

유난히 무더웠던 1971년 7월, 나는 부산 광복동에 있는 농협빌딩으로 향했다. 전 세계에 54개 지사를 둔 브리태니커 한국지사를 방문하기 위해서였다. 당시 『브리태니커』는 세계에서 가장 성공한 백과사전이었다. 아인슈타인이나 프로이트처럼 세상을 뒤흔든 학자들이 각 항목을 집필할 정도로 엄청난 역사와 권위를 갖고 있었다. 그런 백과사전을 판매하는 곳이니 또한 가장 우수한 세일즈맨들이 일하는 곳으로도 정평이 나 있었다.

헌데 막상 빌딩 입구에 들어서자 불안감을 떨칠 수 없었다. '이런 세계적 기업에서 별 볼 일 없는 나를 받아줄까?' '받아준다 한들 내가 일을 제대로 해낼 수 있을까?' 늘 부정적인 생각에 젖어 있던 터라 도무지 확신이 서지 않았다.

사무실에 들어서자 매니저가 친절히 맞아주고는 두 시간 남짓 교육을 했다.

"앞으로 사업을 하든 다른 일을 하든, 세일즈를 해보는 건 아주 큰 도움이 될 겁니다. 세일즈는 사람을 설득해 자신을 받아들이도록 하는 일이에요. 강한 정신력을 키워주기 때문에 나중에 큰일을 할 사람이라면 세일즈 경험이 중요한 자산이 될 수 있습니다."

맞는 말 같았다. 하지만 여전히 자신이 없었고, 온갖 부정적인 생각들이 꼬리를 물었다. 면담을 끝내고 다른 사무실에서 매니저를 기다리기로 했다. 사무실 문을 열고 들어서니 훤칠한 키에 잘생긴 청년 한 명이 전화기를 들고 영어로 통화를 하고 있었다. '저 친구, 영어를 굉장히 잘하는군. 인물도 좋은데 똑똑하기까지 하네.'

나는 통화가 끝나길 기다려 말을 걸어보았다.

"입사한 지 얼마나 됐습니까?"

"보름 정도 됐습니다."

"실례지만 보름 동안 주문을 얼마나 받으셨는지 여쭤봐도 될까요?"

청년은 머뭇거리다 멋쩍게 웃으며 말했다.

"하나도 못 팔았습니다."

그 순간 희망이 싹 사라지는 게 느껴졌다. 역시 그렇구

나. 저렇게 잘생기고 영어도 잘하는데도 보름 동안 한 세트도 팔지 못했다면 나는 오죽할까. 영어도 못하는 덜떨어진 충청도 촌놈이 있을 곳이 아니구나.

갑자기 이런 교육이 다 뭔가 싶은 마음이 들어 그길로 하숙집으로 돌아와버렸다. '역시 세상일이 그렇지. 나한테까지 차례가 오겠어. 공연한 데에 헛힘만 쓸 뻔했군.' 창피한 마음에 핑곗거리 같은 생각들이 연달아 떠올랐다.

그러고는 가만히 누워 하숙집 천장만 쳐다보며 이틀을 보냈다. 이런저런 부정적인 생각들, 세상을 탓하는 마음들이 좀 가라앉자 문득 이런 생각이 들었다.

'아니 그런데 직원들이 그렇게 하나도 못 팔았으면 그 회사가 돌아갈 수 있나? 언뜻 보기에 규모도 크고 사무실도 좋은 빌딩에 있던데⋯⋯. 뭔가 다른 게 더 있지 않을까?'

고민하던 나는 용기를 내 브리태니커 사무실을 다시 찾았다. 교육받다 뛰쳐나간 일에 대해선 대충 둘러대며 양해를 구했고, 매니저는 다행히 더 캐묻지 않았다. 그러고 있는데 갑자기 세일즈맨인 듯한 남자가 가방을 들고 성큼성큼 사무실에 들어왔다. 그러더니 씩씩한 목소리로 매니저에게 이렇게 말하는 것이었다.

"오늘은 두 세트밖에 계약을 못 했습니다."

아니! '두 세트밖에'라니? 눈이 번쩍 뜨였다. 당시 『브리태니커 백과사전』은 한 세트 가격이 무려 27만 원이나 했다. 워낙 고가라 한 세트만 팔아도 양복 한 벌 값 정도가 수당으로 떨어졌다. 그 남자는 그날 양복 두 벌 값을 번 셈이다.

"실례지만 지금까지 몇 세트나 파셨습니까?"

"17세트 팔았습니다. 이번 달에는 30세트를 목표로 잡고 있습니다."

그는 별일 아니라는 듯 말했다. 만일 30세트를 판다면 판매 수당으로만 양복 30벌 값, 요즘 돈으로 치면 한 달에 억을 번다는 뜻이다.

나는 너무 믿기지 않아 회사가 판매 수당을 실제로 주는지까지 물어보았다. 그 사람은 별 이상한 질문을 다 한다는 듯이, 그렇다고 말해주었다.

놀란 가슴을 진정시켰다. 비로소 희망이 보이는 것 같았다. 30세트를 팔겠다는 그 사람의 말과 태도가 너무나 자연스럽고 당당했기에, 나도 왠지 그런 일을 할 수 있을 것 같은 느낌이 들었다.

'이 사람이 어떻게 해서 그렇게 세일즈를 잘하는지는 몰라도, 이 사람도 할 수 있다면 나도 할 수 있지 않을까? 이런 사람들 옆에서 착실히 배워나간다면 나도 어엿한 세일즈맨이 될 수 있지 않을까?'

그 순간 내 안에서 뭔가가 꿈틀거렸다. 그동안 뭐든지 안되는 쪽으로만 생각하던 머릿속에서 무언가 탁 끊어지는 소리가 들렸다. 언제까지 그렇게 불만만 쏟아내며 남 탓, 세상 탓을 할 거냐고, 다시 그 눅눅한 하숙집으로 돌아가 천장만 바라보며 누워 있을 거냐고 내 안에서 소리치는 것 같았다.

나는 나를 구해내고 싶었다.

천국과 지옥을 오간
첫 판매의 기억

그날로 나는 브리태니커 한국지사에 세일즈맨으로 입사를 했다. 그런데 막상 세일즈를 시작하고 보니 정말 만만한 일이 아니었다. 지금도 영어를 자유롭게 하는 사람은 많지 않은데, 당시는 1971년이었다. 『브리태니커 백과사전』은 그때까지 한국어판이 나오지 않은 상태여서, 스무 권 넘는 큰 책이 죄다 영어로 되어 있었다. 유학을 다녀온 교수 정도가 아니라면 보통 사람이 쉽게 읽을 수 있는 책이 아니었다. 무엇보다 한 세트 가격이 27만 원에 달했는데, 지금으로 치면 1150만 원 정도의 초고가 상품이었다. 국민 대부분이 아직 가난하고 못 배웠던 70년대에, 1000만 원이 넘는 영어 백과사전을 판다는 것은 어쩌면 불가능한 일에 가까웠다. 나도 읽기 어려운 제품을 어떻게 판단 말인가!

 '저 사람은 이걸 살 만한 돈이 없어 보여.' '저 사람은 교수 같지만 깐깐해 보이는군.' '저 사람은 돈은 많아 보이는데 책 같은 것에 관심이 없는 졸부 같구나.' 지나가는 사람을 보기만 해도 이런 생각만 자꾸 드니 고객을 만나러 가기가 싫었다. 안될 거라는 생각이 자리를 잡아버리자 겁이 났고, 발이 움직이지 않았다. 어디고 들어가서 말을 붙여야 할 텐데 입이 떨어지질 않았다. 수위나 비서한테 몇 번 문전박대를 당한 후로는 더 들어가기가 싫었다. 어쩌다 기회가 생겨 책 소개를 하게 되어도 교육받았던 내용이 하나도 기억나지 않아 횡설수설하기도 했다. 다른 사람들 앞에서 거절의 말을 듣는 것도 고역이었다.

그렇게 창피함에 붉어진 얼굴을 하고 부산 바닥을 돌아다니던 어느 날이었다. 제법 큰 합판 가게가 하나 눈에 들어왔다. 당시엔 합판 판매가 벌이가 좋은 편이었기 때문에, 여긴 돈이 좀 있겠지 하는 마음으로 성큼 들어섰다. 한 중년 남성과 경리를 보는 젊은 여성이 있기에 사장님 계시느냐고 물었다.
"내가 사장입니다만."
나는 점잖게 명함을 내밀면서, 미국에 본사가 있는 브

리태니커 사의 한국지사에서 왔다고 나를 소개했다. 그러고는 본격적으로 백과사전에 대해서 설명을 했다. 며칠간 되풀이해서 연습한 덕분인지 설명은 순조롭게 마무리됐다. 설명이 끝나고 나서 초조하게 반응을 살피던 찰나, 사장이 이렇게 말했다.

"그거 괜찮아 보이는구려. 한 세트 장만해두지요."

내 인생 최초의 세일즈였다. 합판 가게 사장은 구매 계약서에 흔쾌히 사인을 해주었다. 그러면서 계약금은 나중에 주겠다고 했다. 나는 기쁨에 겨운 나머지 사무실로 돌아와 매니저에게 당당하게 말했다.

"제가 드디어 첫 계약을 해냈습니다!"

그러자 매니저도 기쁘게 악수를 하면서 나의 첫 계약을 축하해주었다. 그러나 계약서를 받고 난 매니저가 이렇게 물었다.

"그런데 계약금은요?"

"아, 내일 주겠다고 하셨습니다."

"아니, 이 사람아. 계약금을 받아야 계약이 성립되는 겁니다. 계약서만 받는다고 되는 게 아녜요. 내일 새벽 여섯시에 찾아가서 계약금을 받은 후에 출근하세요."

기쁜 마음이 일시에 가셨다. 다 된 일인 줄 알았는데, 뭔가 잘못된 것 같은 불안함이 엄습했다. 게다가 새벽 여섯시라니, 장사하는 집이 개시도 하기 전에 돈을 받으러 간다는 건 상상할 수도 없었다. 재수 없다고 계약을 취소해버리면 어쩔 건가. 나는 매니저 말을 듣지 않기로 했다.

그리고 그날 밤, 자리에 누운 나는 잠을 이룰 수 없었다. 첫 계약을 따낸 낮의 기쁨은 온데간데없고, 계약이 자칫 잘못되지나 않을까 하는 불안만 커져갔다. 그 자리에서 어떻게든 계약금을 받아 오지 못한 스스로를 자책하기도 했다. 이런저런 생각 끝에, 그래도 아침 일찍 가서 계약금을 받아보기로 했다.

뒤숭숭한 밤이 지나고 새벽 일곱시에 합판 가게로 찾아갔다. 얼마 후 사장이 나와 셔터를 올리는 모습이 보이기에 재빨리 다가가 인사를 했다.

"사장님, 어제는 정말 감사했습니다만, 계약금을 받지 못해서 회사에 계약 접수를 못 했습니다. 혹시 계약금을 주실 수 있으면 바로 접수해드리겠습니다."

"아, 그래요? 젊은 사람이 부지런하구만."

사장은 안에 들어가더니 아무렇지도 않게 계약금을 들고 나와 건네주었다. 어제 낮부터 간밤까지 이어지던 괴로움이 일순간에 씻어지는 순간이었다.

"감사합니다!"

나는 그 뒤 이 합판 가게 사장님의 지인 소개를 받아 첫 달에만 24세트 판매라는 놀라운 실적을 올린다.

행운은 불행 뒤에 숨어서 온다

내 세일즈맨 인생은 이렇게 시작되었다. 세상에 대해 늘 불평불만만 가득했던 한 청년은, 이 합판 가게 사장을 만나면서부터 놀랍게 변하게 된다. 그 후 몇십 년에 걸쳐 수많은 성공과 실패의 이야기를 그려나간 인간 윤석금의 출발점이 바로 여기였다.

그런데 가만히 생각해보면 나는 합판 가게에 들어간

그 순간에 변한 것이 아니다. 맨 처음 브리태니커 사무실에 들어갔다가 "한 세트도 못 팔았다"라는 말을 듣고 뛰쳐나왔을 때까지는 분명 그전의 부정적인 나였다. 하지만 이틀간 누워 있으면서 이런저런 생각을 거듭하던 내 안엔 분명 새로운 변화의 씨앗이 자라고 있었다. 새벽 일찍 계약금을 받으러 나가던 때에도 용기의 씨앗이 움트고 있었다. 만약 그때 내가 '저렇게 영어 잘하는 사람도 못 파는데 내가 어떻게 세일즈를 할까?' 하며 다시는 사무실로 돌아가지 않았더라면, '새벽에 돈 달라고 가면 언짢아서 계약을 무르지 않을까?' 하고 포기했더라면 오늘날의 내가 있었을까? 공교롭게도 나를 크게 깨우친 행운들은 큰 불안들 뒤에서 나타났다. 내가 그 불안들 앞에서 발걸음을 돌렸더라면 그런 행운들을 거머쥘 수 있었을까?

세일즈라는 건 내가 가진 것을 다른 사람에게 파는 일이다. 낯모르는 사람에게 갑자기 뭔가를 판다는 것은 무척 두려운 일이다. 이런 상황에서 사람들은 자기 방어를 위해 안 좋은 쪽으로 생각을 하게 마련이다. '저 사람은 여유가 없을 거야.' '이런 말을 하면 기분 나빠 하겠지.' 고객의 처지나 상황을 잘 알지도 못하면서 혼자 온갖 상상을 하며 스스로 용기를 꺾고 핑계를 만든다. 현대그룹을 만들어낸 정주영 회장은 직원들이 근거 없이 부정적인 의견을 내면, "임자, 해봤어?" 하고 되물었다고 한다. 맞는 말이다. 실제로 부딪히기 전엔 일이 어떻게 흘러갈지 아무도 모른다. 그런데 내 안의 불안을 달래려고 머릿속에선 온갖 안 좋은 이유들을 만들어낸다. 그러고는 바로 앞에 있는 행운을 못 본 채 돌아서고 만다. 이게 나를 비롯한 수많은 청년들이 반복해온 일이다.

사람 일은 모른다. 한평생 세일즈를 해온 내가 자신 있게 말할 수 있다. 사람 일은 정말 모른다. 머릿속에서 아무리 계산기를 돌려도 늘 생각지도 못했던 일이 생기고, 내가 생각지도 못했던 곳으로 나를 데려다 놓는다. 당장은 실패처럼 보였던 일이, 나중에 더 큰 길로 나를 인도하기도 한다. 스티브 잡스도 그런 말을 했다. 과거의 점들이 이어져 인생이라는 선을 이룬다고 말이다.

그래서 해봐야 한다. 뭐든 도전해야 한다. 저 뒤에 숨은 것이 행운인지 뭔지 확인하려면 그 수밖에 없다. 내가 평생 만났던 수많은 행운과 은인 들은 어렵게 쥐어짜낸 용기 덕분에 만날 수 있었다. 나는 첫 세일즈 이후 뭔가를 이룬다는 것의 의미와 기쁨을 알게 됐다. 꿈같은 일이라고 생각했던 것들을 내가 척척 해내는 놀라운 경험을 했다. 내가 도전할수록 더 많은 행운과 결과가 나를 반겨주었고, 실패와 반성은 나를 더 단단하게 만들어주었다. 그때 하숙집 천장만 바라보며 그냥 누워 있었더라면, 여전히 세상만 탓하며 아무것도 시도해보지 않는 초라한 중년의 내가 있었을 것이다. 그러니 다른 길이 없다. 뚜벅뚜벅 걸어가야 한다. 내가 해야 할 일이 있으면 해야 한다. 만나야 할 사람이 있으면 만나야 한다. 잘못한 게 있으면 사과해야 한다. 원하는 게 있으면 노력해야 한다. 사랑할 수 있으면 아낌없이 사랑해야 한다. 이게 세일즈를 하면서 내가 배운 것들이다.

세일즈맨에겐
내가 첫 번째 고객이다

일본의 의사 하루야마 시게오가 쓴 『뇌내혁명』에서는 똑같은 운동을 해도 무슨 생각을 하면서 운동을 하느냐에 따라 결과가 달라진다고 한다. 실제로 헬스클럽에서 운동을 할 때에도 자기가 목표로 삼은 보디빌더의 모습을 상상하면서 하는 것이 훨씬 효과가 좋다고 한다. 마음의 힘은 놀라운 데가 있다.

나는 세일즈의 세계에 들어서면서부터, 부정적인 생각을 떨쳐내고 긍정적으로 생각하는 습관을 들이려 노력했다. 자기 암시처럼 용기가 되는 말을 반복해서 되뇌었다.

'저 사람은 분명 살 거다. 내가 그렇게 만들 거다.'

'세계 최고의 백과사전이 아닌가. 내가 가치를 제대로 설명하기만 하면 관심을 가질 거다.'

'나는 세상에서 가장 큰 도움이 되는 것을 팔고 있다. 고객의 10년 뒤, 20년 뒤, 어쩌면 인생을 바꿀 수도 있는 그런 것을!'

신기하게도 그런 생각을 반복하니 마음이 조금씩 달라졌다. 고객을 만나러 가기 싫던 마음도 줄어들고 가방마저 가볍게 느껴졌다. 말도 예전보다 더 잘 나왔다. 내가 나를 먼저 깊이 설득해두었기 때문이다.

세일즈는 말로 하는 것이다. 똑같은 물건도 누가 어떻게 말하느냐에 따라서 다르게 느껴지게 마련이다. 그래서 수많은 세일즈맨들은 가장 먼저 자기 제품의 특징과 장점에 대해서 파악하고 그걸 전달하기 쉽게 만들어 달달 외운다. 하지만 세일즈맨의 첫 고객은 다름 아닌 자기 자신이다. 자기 제품에 대해서 확신이 없는 사람이 그걸 남에게 권하기란 쉽지 않다. 나는 다른 누구보다도 나를 먼저 설득하는 일이 중요하다는 걸 깨달았다. 부정적인 생각을 걷어내고, 이 제품이 고객에게 가져다줄 무한한 가치를 상상했다. 상당한 금액의 백과사전이지만, 인류 지식의 보고나 다름없는 이 전집이 바꿔놓을 고객의 미래에 비하면 터무니없는 가격이 아니었다.

그렇게 스스로 먼저 설득이 되고 나니 고객에게 진심

으로 책을 권할 수 있었다. 고객이 설사 구입하지 않겠다고 한들, 그런 선택이 안타까울 뿐 상처받거나 하지 않았다. 부유한 고객의 집을 방문하면 이렇게 말했다.

"집 안에 멋진 자개농을 갖고 계시네요. 참 보기 좋습니다. 그런데 자녀분들에겐 자개농보다 이 『브리태니커 백과사전』이 더 좋은 영향을 미치지 않겠습니까? 이 많은 걸 다 읽으라는 것이 아닙니다. 자녀분이 이 중에 단 몇 개 항목만 읽더라도 그게 장래의 진로를 정하고 공부 욕심을 만들어준다면, 그것만으로도 충분히 제 몫을 하지 않겠습니까. 아이들에게 언제 그런 순간이 올지 모릅니다. 거실에 한가운데 잘 보이는 곳에, 손 가는 곳에 두시고 공부하는 집 안 분위기를 만들어주십시오."

1970년대엔 부자들이라고 해도 본인은 공부를 다 하지 못한 아쉬움들이 많았다. 자기는 영어를 못하더라도 자식들에겐 더 큰 세계를 열어줘야 하지 않겠느냐고 설득하면 대부분 마음을 열어주었다.

물론 무작정 긍정적으로 생각한다고 해서 일이 다 풀

리는 건 아니다. 긍정적인 마음가짐 위에 철저한 실행도 함께 따라줘야 한다. 나는 20대에 배워둔 웅변술도 십분 활용했다. 다행히 타고난 목소리와 큰 키, 신뢰를 주는 인상도 큰 도움이 되었다. 그래서 제품 설명에 고객이 더 집중하게 만들 수 있었다. 또 고객의 연락처와 인적 사항도 매일 업데이트하고 취향, 관심 분야, 자녀 상황을 꼼꼼하게 기록했다. 발로 뛰어 알아내고 일일이 손으로 적은 그 노트는 나만의 고객 데이터베이스였다. 지금이야 SNS를 통해서 누가 생일인지 뭘 하는지 척척 알아내지만 당시에는 불가능한 일이었다. 나는 이 고객 데이터를 바탕으로 꾸준히 관계를 맺어나갔다. 자기 아이의 생일이나 입학식마다 정성 들인 손편지와 선물을 받는다고 생각해보라. 게다가 그 사람이 권하는 것이 세계 최고의 백과사전이라면? 당장은 여유가 안 되더라도, 감동한 고객들은 언젠가는 계약을 하게 마련이었다.

이렇게 불만 가득하던 청년은 몇 년 만에 딴사람이 되어갔다. 타고난 자질들도 없지 않았겠지만, 그보다는 진심과 긍정, 노력과 정성의 결과였다. 처음 한두 번 다가온 요행을 나는 놓치지 않았다. 누구에게나 있을 법한 작은 행운이었을지도 모르겠지만, 나는 그걸 계기로 내 안의 부정적인 마음들을 지워나갔다. 그렇게 한번 수레바퀴가 앞으로 돌기 시작하자 점점 가속이 붙었다. 뭐든지 '된다' 하는 마음으로 다가가면 고객은 내 진심을 알아주었고, 그것은 조만간 좋은 결과로 돌아왔다. 그러면 다시 나는 더욱 힘을 얻어 최선을 다할 수 있었다. 중간중간 기운이 꺾이는 일들도 많았지만, 긍정의 바퀴에 올라탄 이상 나는 달리 살 도리가 없었다.

나는 그때 내 앞에 버티고 선 작은 불안 앞에서 돌아가지 않았다. 그리고 나는 그 뒤에 숨은 작은 행운을 놓치지 않았다.

2장

긍정이 선물하는 인생의 면역력

나는 브리태니커 한국지사에 영업사원으로 입사한 지 1년 만에 '벤튼상The William Benton Award'을 받았다. 이 상은 전 세계 브리태니커 영업사원 중 가장 좋은 실적을 낸 사람이 받는 상이다. 세계 54개 지사 중 최고의 세일즈맨이 된다는 것, 그것도 영어를 쓰지 않는 가난한 한국에서 그런 실적을 냈다는 것은 지금 생각해봐도 기적 같은 일이다.

그렇게 벤튼상을 받고 입사 8년 만에 초고속으로 브리태니커 판매상무 자리까지 올랐다. 스물일곱 살 시절 월

세방도 아닌 하숙방을 전전하던 나였고, 서른두 살 결혼할 때엔 전세금도 없던 나였다. 그러던 내가 8년 만에 브리태니커 사의 상무가 되었고 이전과는 비교할 수 없을 만큼 높은 연봉을 받았다. 무엇이 이런 변화를 가능하게 했을까?

"저를 서울로 보내주십시오"

브리태니커에 입사해 한동안 승승장구하던 나였지만, 어느샌가 다시 세일즈가 힘겨워지기 시작했다. 일이란 건 별 이유 없이 안될 때도 있는 법인데, 경력 초기에 너무 실적이 좋았던 탓인지 약간의 실적 저하에도 실망이 생겼다. 한 번 의욕이 떨어지고 여러 가지 안 좋은 생각이 많아지니 다시 실적도 떨어지는 악순환에 접어들었다. 이전엔 씩씩하게 고객 사무실로 들어서던 발걸음을 주저하게 되는 경우가 많아졌다.

'어쩐지 여긴 돈이 별로 없을 것 같은데.'

'여기엔 영어를 하는 사람이 하나도 없겠군.'

상황은 그대로인데 내 마음속에 부정적인 생각이 다시 똬리를 틀자 모든 것이 막막하게만 느껴졌다. 이제까지의 실적들이 그저 초심자의 행운이었던 것처럼 느껴졌다. 나는 결국 매니저를 찾아갔다.

"아무래도 저는 이 일이 안 맞는 것 같습니다. 죄송하지만 그만둬야겠습니다."

"아니, 이제껏 그렇게 잘하던 사람이 무슨 말입니까. 말도 안 됩니다. 윤석금 씨, 당신은 능력이 있어요. 좀 더 힘을 내봅시다."

"아닙니다. 여러 번 생각한 일입니다. 정 그러시면 저를 서울로 보내주십시오. 서울 지점으로 옮겨서 일을 해보고 싶습니다."

매니저는 무척 곤란한 표정을 지었다. 그러나 내 뜻이 바뀌지 않을 것을 알자 그렇게 하라고 했다. 그러더니 이런 말을 했다.

"오늘부터 딱 일주일만 예전처럼 열심히 일해주세요. 그러면 서울 지점으로 발령이 나도록 해보겠습니다."

나는 그동안 매니저에게 신세 진 것도 있고, 일주일만 있으면 원하는 데로 가게 됐으니 그러겠다고 했다. 그러고 나니 마음이 한결 홀가분해졌다. '기왕 하는 거 유종의 미를 거두리라' 하는 의외의 의욕도 솟아올랐다.

다음 날엔 하루치 여관비와 아침 식대, 이발비만 갖고 마산으로 향했다. 처음 일을 시작했을 때처럼 배수진을 친 것이다. 마지막 일주일이려니 생각하며 최선을 다했다. 그러자 이상할 정도로 의욕이 솟고 목소리에 힘이 들어갔다. 설명을 듣는 사람들도 진실함을 느꼈을 것이다.

그렇게 일주일이 지났다. 나는 무려 11건을 계약했다. 그 주의 전국 최고 실적이었다. 결국 나는 서울로 가지 않았다. 슬럼프에서 벗어나고 보니 내가 서울로 가고 싶었던 것은 일종의 심적 도피였다는 걸 깨닫게 됐다. 실적이 잠깐 나오지 않는 것에 의기소침해져서, 괜히 바깥에서 핑계를 찾는 것에 불과했다.

사람이 일을 하다 보면 결과가 좋을 때도 있고 나쁠 때도 있다. 인생도 그렇다. 오르막을 달릴 때도 있고 내리막을 걸어야 할 때도 있다. 그런데 사람의 그릇이 드러나는 건 일이 잘될 때가 아니다. 일이 잘 안 풀릴 때, 어떻게 해도 이다음이 잘 안 보일 때 그 사람의 진면목이 드러난다.

나는 브리태니커 사에 입사하면서 일종의 소년 급제를 한 셈이었다. 아주 좋은 실적으로 데뷔하면서 내가 세일즈에 재능이 있다는 걸 깨달았다. 그러면서 자신감이 부풀었고 합판 가게 사장님의 소개 덕분에 초반엔 아주 순탄했다. 그러나 어떤 사업이든 늘 좋을 수만은 없다. 개업한 식당이라면 처음 몇 달 개업발이 다하게 마련이고, 보험회사 세일즈맨이라면 지인 찬스가 끝나는 순간이 온다. 잘되기만 할 것 같았던 사업엔 반드시 큰 파도가 와서 선장의 실력을 테스트한다.

그때 나는 잘되는 것에만 중독돼 있었다. 산전수전을 다 겪은 선배 세일즈맨들과 달리 나는 도무지 실패란 걸 몰랐고, 그래서 높은 파도에서 내려올 때 어떻게 균형을 잡아야 할지 몰랐다. 늘 기록을 갈아치우는 일에서 기쁨을 느끼다 보니 평범한 정도의 실적은 금세 지루함으로 다가왔다. 사업을 하다 보면 누구나 겪는 슬럼프를 나는 어떻게 겪어내야 하는지 몰라 공연히 자리 탓을 하는 데까지 이르렀던 것이다. 그때 매니저는 그걸 꿰뚫어 봤던 것 같다.

인생엔 무균실이 없다

내가 지금은 긍정왕으로 불리지만, 사실은 지금도 매일 긍정의 마음을 새로 다잡곤 한다. 왜냐하면 긍정 마인드란 한 번 만들어두면 영원히 계속되는 그런 것이 아니기 때문이다.

　브리태니커 시절과는 비교도 할 수 없이 사업이 커진 후에도 수많은 어려움이 닥쳤다. 특히 현장에서 직접 실무를 볼 때엔 일을 하면서 직접 해법을 찾아볼 수 있었지만, 직책이 계속 올라가 실무에서 멀어지고 나서는 그러기가 힘들었다. 현장에서는 해결하지 못한 온갖 문제들이 내 책상에 올라왔다. 이 계열사의 문제를 해결하면 다른 계열사에서 다른 문제가 터졌다. 좋은 소식은 몇 되질 않고 온통 문젯거리를 해결하는 나날이 계속됐다. 그러면 나는 이런 고통을 어떻게 견뎠을까?

사람의 인생이란 묘한 데가 있어서 아주 나쁜 일만 계속 닥치지도, 좋은 일만 계속되지도 않는다. 나는 사주 같은 건 믿지 않는 사람이지만, 사주명리학에서도 좋은 일과 궂은 일이 번갈아 온다고 하는 걸로 알고 있다.

사업도 마찬가지다. 아주 잘되는 것 같을 때, 파도 맨 꼭대기에 있을 때 대개 아래에서 문제가 생기기 시작한다. 또 인생의 쓴맛을 보고 있을 때, 이렇게 더는 못 살겠다 싶을 때 어디선가 뜻밖의 빛이 들기 시작한다. 그러니 여러 사업을 하며 수없이 많은 일을 겪고 나면, 잘된다고 오만해져서도 안 되고 안된다고 비관할 일도 아니라는 걸 깨닫게 된다. 특히 나처럼 큰 성공과 실패를 롤러코스터 타듯 해본 사람이라면 더욱 그렇다.

문제는 고통의 시간이 계속될 때 그걸 어떻게 견디느냐 하는 것이다. 벌여놓은 사업에서 계속해서 문제가 생기고, 믿었던 사람들이 등을 돌릴 때, 어떻게 해도 내가 가진 것을 다 지키기 어려울 때가 분명히 온다. 그럴 때 대부분의 사람들은 손에 넣었던 것을 지키기 위해 다른 사람들에게 피해를 끼치고 그악스럽고 추해지기 일쑤다. 아니면 너무 당황한 나머지 바보 같은 판단을 거듭하거나, 절망 끝에 모든 것을 포기해버리려 한다. 당연한 일이다. 자기가 어쩔 수 없는 일 앞에선 누구나 정상적인 반응을 하지 못하는 법이니까.

이때 필요한 것이 긍정의 힘이다. 긍정은 당연한 것이 아니다. 일이 잘될 때는 오히려 긍정이 필요하지 않다. 뭐든 잘될 때는 그냥 내버려둬도 콧노래가 나온다. 긍정은 일이 잘 안될 때 필요한 것이다. 내가 세일즈가 어려워져서 의기소침해졌을 때, 자꾸 부산에서 서울로 도망치고 싶은 마음이 들 때 필요한 것이다. 만약 그때 그런 정신 상태로 바로 서울로 갔더라면, 나는 아마 더 큰 실패를 맛봤을 것이다. 그러면 다시 다른 핑계를 찾아서 도망치고 또 도망쳤을 것이다. 하지만 매니저의 부탁으로 홀가분하게 다시 초심에 섰을 때, 내 마음엔 다시 긍정이 들어올 수 있는 자리가 생겼다. 그리고 그 힘으로 힘든 일주일을 버텨냈을 때, 나는 다시 이전보다 더 큰 긍정, 자기 확신을 품을 수 있었다.

누구에게나 어려움이 닥친다. 하지만 그 어려움 뒤에는 분명 좋은 일이 기다리고 있다. 사람들은 당장의 그 어려움을 피하기 위해 나쁜 선택을 한다. 힘든 시간이 몇 날 몇 달이 계속될지 모르기에 자꾸 다른 핑곗거리를 찾아 도망가려 한다. 이때 긍정이 필요하다. 지금의 어려움이 영원하지 않다는 것, 그리고 힘든 시간을 잘 보내면 더 단단한 내가 되어 있을 거라는 것, 그 후의 나는 지금의 나보다 훨씬 더 큰 사람이라는 걸 계속 되새겨야 한다. 그건 힘든 시간을 버티기 위함이기도 하지만, 무엇보다 힘든 시간을 '잘 흡수하기' 위해서다. 고통의 시간을 그저 견디기만 하는 것보다는, 그 시간이 주는 생생한 교훈을 내 것으로 받아들여야 한다. 고통을 피하지 않고 내 뼈로, 내 살로 만드는 사람만이 같은 위험에 처하지 않는다.

사람은 잘 아픈 만큼 건강해진다. 인생에는 무균실이 없으니, 그렇다면 잘 아프고 잘 낫는 수밖엔 없다. 그것이 긍정이 선물하는 인생의 면역력이다.

긍정은 당연한 것이 아니다.
매일 마음을 새로 다잡아야 한다.
긍정 마인드란 한번 만들어두면 영원히 계속되는
그런 것이 아니다.

3장

무에서 유를 만들어내는 말의 힘

짧은 방황을 끝낸 나는 그 후 브리태니커 사에서 정말 신나게 일했다. 적성에 잘 맞는 데다 실적이 잘 받쳐준 덕분이기도 했지만, 무엇보다도 고객에게 큰 도움이 되는 좋은 책을 판매한다는 자부심이 있었기 때문이었다. 나는 돈을 벌지만 고객에게는 손해가 가는 물건을 판다면 그렇게 열정적으로 일할 수 없었을 것이다. 그런데 모두가 나와 같은 생각을 하며 직장에 다니는 것은 아니었다.

"마귀야, 물러가라!"

그즈음 나보다 약간 먼저 입사해 있던 A라는 동료가 있었다. 부산 사람이었는데 키도 크고 얼굴이 아주 잘생긴 편이었다. 무엇보다 영어를 유창하게 해서 『브리태니커 백과사전』을 판매하는 데엔 아주 적임자인 사람이었다. 충청도 촌놈인 내가 보기에, 세련되고 똑똑한 그 사람은 그야말로 세일즈를 위해 태어난 사람 같았다.

그런데 참 의외인 것이, 그 모든 조건을 다 갖고 있으면서도 A는 매사에 참 부정적이었다. 둘이 있을 때면 늘 상사 욕을 했는데, 심지어는 상사를 '개'라고 부르기도 했다. 부정적인 태도는 상사 험담에 그치지 않았고, 나중엔 나에게도 이런 얘길 하곤 했다.

"이봐요, 석금 씨. 당신은 촌에서 와서 아직 뭘 모르는 모양인데, 당신이 그렇게 죽을 둥 살 둥 애써봐야 그게 다 우리 매니저 입으로 들어간단 말이야. 아니, 생각을 해봐. 매니저는 맨날 저렇게 앉아서 우리한테 지시나 하는데, 그 사람 월급이 어디서 나오겠어. 그게 다 석금 씨랑 내가 판 책값에서 나오는 거야. 아, 우리가 고생한 걸 개가 그냥 먹는 거라고! 그러니까 그렇게 너무 애써가면서 팔지 마쇼. 그거 다 저놈 도와주는 일이니까."

한두 번이면 그냥 듣고 흘릴 텐데, 날이면 날마다 이런 얘기를 들으니 나도 가끔은 흔들릴 때가 있었다. 특히 유난하게 고생을 해서 겨우 한 건 계약을 하고 났을 때 그런 소리를 들으면 왠지 억울한 마음이 든 것도 사실이다.

물론 A가 나를 위해 그런 말을 한 것도 아니다. 둘이서 출장을 가거나 하면 자기는 건성으로 일하기 일쑤고, 내가 열심히 계약한 것을 반씩 나누자고 했다. 사실 내 피를 빨아먹는 건 매니저가 아니라 이 사람이었다. 그래서 나중에는 A가 다가와서 또 뭔가 부정적인 말을 할라치면 나는 속으로 '마귀야, 물러가라! 마귀야, 물러가라!' 하고 외치기도 했다.

그 후 2년이 흘러 나는 부산 지역 책임자가 되었다. 긍정적인 마인드로 열심히 일한 대가였다. 반면 A는 입사 때의 직급 그대로였다. 계속 누군가를 험담하면서 말이다.

지금 생각하면 A는 당시에 '여긴 내가 있을 곳이 아닌데. 내가 이런 일을 할 사람이 아닌데' 하는 생각을 했던 것 같다. 외모도 출중하고 세련된 데다가 영어도 잘하는 사람이었으니 더 큰 꿈을 갖고 있었을지도 모르겠다.

하지만 만약 그렇다면 본인의 꿈을 위해 적극적으로 준비하고 경력을 쌓아갈 일이지, 당장의 처지만 탓한다고 뭔가 바뀔 리가 없다. 게다가 매일 그렇게 부정적인 말만 쏟아내는데 뭔들 잘될까.

내가 세일즈를 '말의 예술'이라고 하는 데에는 여러 이유가 있지만, 특히 이 말이라는 게 사람의 마음을 움직이는 큰 힘을 갖고 있기 때문이다. 브리태니커 시절 만났던 A는 다른 무엇보다도 그 '부정적인 말'에 사로잡혀 있었다. 처음엔 그냥 투덜거리는 것에 불과했겠지만, 그게 거듭되고 혼자 생각하는 데에서 그치는 게 아니라 나를 붙들고 이야기하다 보니 어느새 습관이 되어버렸다.

그런데 이 말이라는 건 묘한 데가 있어서, 말을 뱉은 사람이 더욱 자신의 말에 붙들릴 수밖에 없다. 그것이 좋은 말이든 나쁜 말이든 마음속에 어렴풋하게 일었던 생각이 입 밖으로 나오는 순간 단정의 효과가 발휘되고, 그것이 진리인 양 점차 믿게 되기 때문이다. 그래서 말이 입 밖으로 나오면 일종의 주문呪文과도 같은 효과가 생긴다.

십수 년 전 중국에서 유행했던, 큰 소리로 외치면서 영어를 배우면 더 효과가 좋다고 했던 크레이지 잉글리시나, 옛날 서당에서 한문을 배울 때 크게 소리 내어 읽으며 공부했던 것이나 비슷한 원리일 거라고 생각된다. 이게 말의 무서운 힘이다. 나 역시 세일즈를 하면서 이런 말의 힘을 잘 알았기에 고객을 사로잡고 승승장구할 수 있었다. 그런데 브리태니커 시절 A는 하필 자기 자신에게 이 말의 힘을 나쁜 쪽으로 쓰고 있었다. 그 사람은 자기가 걸어놓은 말의 주술에서 헤어나질 못하고 말았다.

험악했던 구미 공장에서의
세 시간

나는 이처럼 말이 가진 힘 덕분에 위기를 모면한 적이 여러 번 있었다.

예전 이름이 제일합섬이었던 새한은 주로 합성섬유를 제조하던 화학 기업이었다. 건실한 기업이었는데 2000년대에 섬유 산업 침체로 어려움을 겪다가 2008년 초에 웅진이 인수하게 되었다. 문제는, 노조가 인수 합병을 강력하게 반대하고 나섰다는 점이다. 노조 입장에서는, 웅진에서 새한을 인수하게 되면 가장 먼저 직원을 대대적으로 해고하는 구조조정에 착수할 것이라고 봤기 때문이다. 치밀하게 되도록 빨리 진행해야 하는 것이 기업의 인수 합병인데, 노조의 반대에 부딪혀 곤란한 상황에 처해 있었다.

주위에서는 여러 방법과 의견을 냈지만, 나는 어차피 편법이나 속임수는 통하지 않을 거라고 생각했다.

'정면 돌파를 하자. 거짓말로 속이려 들거나 하면 오히

려 더 큰 화를 불러올 수 있다. 사실대로 말하고 이해를 구하는 수밖에 없다.'

그러고는 구미 공장으로 직접 내려가겠다고 했다. 임원들은 절대 안 된다고, 큰일 난다며 말렸지만 나는 바로 실행에 옮겼다. 그런데 가보니 정말 분위기가 험악했다. 직원들이 모여 있는 지하 강당으로 향하는데, 정말 영화에서나 볼 법한 살벌한 분위기였다. 자칫하면 큰 무력 사태가 벌어질 수도 있겠다 싶었다. 배짱 좋은 나도 긴장감에 입이 말랐다.

노조 대표는 악수조차 청하지 않았다. 모두가 긴장하는 가운데 마주 앉아 솔직하게 이야기를 꺼냈다.

"여러분 심정은 십분 이해합니다. 구조조정이 걱정돼서 그러시는 거겠지요. 하지만 회사를 인수하는 입장에서 한번 생각해보시면, 회사가 부진한 부분을 개선하는 구조조정은 꼭 해야 하는 일이 아니겠습니까. 제가 한 가지 약속드릴 수 있는 건, 무조건 사람을 자르고 보는 식으로 구조조정을 하진 않겠다는 점입니다."

"어쨌든 감원은 하겠다는 얘기 아닙니까!"

"회사를 합치는 저희 입장에서는, 인수할 회사에 대해서 꼼꼼하게 따져보고 개선점을 최대한 찾아봐야 할 것 아닙니까. 만약 저희가 그런 작업을 제대로 하지 않고, 그저 노조가 무서워서 아무렇게나 인수를 해버린다면, 곧 머잖아 회사가 또다시 어려워질 것은 자명한 일이 아닙니까. 새한 입장에서도 다시 그런 일이 반복되길 원하는 건 아니잖습니까.

제가 이거 한 가지는 분명히 말씀드리겠습니다. 원하지 않는 해고를 하진 않을 겁니다. 저희가 꼼꼼하게 살펴본 결과, 웅진이 새한을 인수하고 여러분이 최대한 노력해주신다면 충분히 승산이 있습니다. 여러분이 일궈온 회사는 잠재력을 갖고 있습니다."

처음에는 불신과 두려움에 가득 차 있던 노조 측 직원들이 차츰 이야기를 듣는 것이 느껴졌다. 나는 나대로 준비해온 비전과 앞으로 진행될 인수 작업에 대해 최대한 진심을 담아 대답해주었다. 직원들에게 앞으로 어떤 일이 펼쳐질지, 우리가 힘을 합친다면 어떤 미래를 맞이하게 될지 생생하게 그려주려고 했다.

세 시간의 긴 토론이 끝났다. 노조원들은 한결 안심한 표정이었다. 헤어질 때 악수를 청했더니 덥석 잡아주었다. 나도 한없는 고마움을 느꼈다.

그 후 새한은 웅진에 인수되어 웅진케미칼로 거듭나며 다시 사업을 일으키기 시작했다(현 도레이첨단소재). 1년 뒤인 2009년부터는 5년간 다우존스 지속가능경영지수DJSI Korea 기업으로 선정되기도 했다.

만약 내가 그때 주변의 만류를 받아들여서 구미 공장에 내려가지 않았다면 어땠을까? 우리 측 임원들이 가서 다른 인수 기업들처럼 강경하게 인수 작업을 진행했을 것이고, 그 과정에서 불필요한 마찰이 생겼을 것이다. 당시 우리 회사 임원들이 무능력하거나 거칠었다는 말이 아니다. 완전한 재량을 가진 회장이 아니라면 노조에 그런 약속을 할 수도 없었을 것이고 노조 역시 곧이듣지 않았을 것이다. 또 내가 정말로 그런 생각을 갖고 있지 않았더라면, 세 시간 토론 후 노조는 더욱 강경한 노선을 선택했을 수도 있다. 나도 진심을 담아 이야기했고, 고맙게도 노조 역시 그걸 믿어주었다. 몇 달 후 다시 방문한 구미 공장에는 나를 환영하는 플래카드가 커다랗게 걸려 있었다.

말이 큰 힘을 발휘하는 이유

나는 이후로도 여러 번 말의 중요성을 깨달았다. 다 된 일에 말 한마디 잘못했다가 오해를 사기도 하고, 꼼짝없이 끝났구나 싶은 일이 말 몇 마디로 해결되기도 했다. 아니, 말의 힘은 여기에서 그치지 않는다. 다른 사람과 소통하는 것은 물론이고, 자기 자신에게도 말은 중요하다. 앞에서 봤듯이 브리태니커 사에 같이 다녔던 A는 늘 부정적인 말을 달고 살았기에 자신의 인생 역시 안 좋은 방향으로 흐르고 말았다. 왜 말은 이렇게 힘이 센가?

나는 말에는 생각을 바꾸는 힘이 있다고 믿는다. 가만히 생각해보자. 사람이 하는 생각이란 게 머릿속에서만 이루어지는 것 같지만 사실은 그렇지 않다. 생각이란 건 '머릿속에서 스스로에게 말하는 일'이다. 머릿속에서나마

말을 하지 않고는 아예 생각이 불가능하다. 시험 삼아 자신의 전화번호를 한번 떠올려보라. 숫자를 머릿속에서 말하지 않고는 전화번호를 떠올릴 수가 없다. 입 밖에 내지 않을 뿐이지, 머릿속에서는 숫자를 또박또박 말하고 있다.

이처럼 생각조차 말로 이루어진다. 그리고 이 생각하는 말을 듣는 것 또한 자기 자신이다. 그러니 '생각이란 건, 자기가 자기에게 말하고 듣는 일'이다. 그래서 말이 힘을 가진다. 아무도 모르게 누구를 미워하는 일도, 막연한 감정을 가질 때와 머릿속에서라도 구체적으로 생각을 할 때엔 천지 차이가 난다. 일단 머릿속에서 생각을 하게 되면 그 생각이 문자로 내 마음속에 새겨져 내게 말을 건넨다. 따라서 나쁜 생각을 한다는 건 나쁜 말을 머릿속에서 소리 내 말하는 것이고, 그걸 다시 내가 듣게 되는 셈이다.

그러니 A가 내게든 스스로에게든 계속 부정적인 얘기를 할 때마다 A의 머릿속에는 얼마나 많은 나쁜 이미지들이 새겨졌을 것인가. 그리고 매일같이 그런 나쁜 말을 들었던 A에겐 또 세상이 얼마나 나쁜 곳처럼 느껴졌을 것인가. 아마 A는 매일매일이 참을 수 없이 고통스러웠을 것이다. 그러니 그런 A가 설명하는 백과사전이 잘 팔릴 리가 없다. 그런 A에게 회사가 중요한 자리를 맡길 리 없다. A는 세상이 왜 이렇게 내게 험한 것인가 억울했을지 모르지만, 매일 나쁜 말로 자신을 세뇌하고 있던 것은 다름 아닌 자기 자신이었다. 나쁜 말은 사람을 망치고 인생을 망친다.

생각을 조심하라. 말이 된다.
말을 조심하라. 행동이 된다.
행동을 조심하라. 습관이 된다.
습관을 조심하라. 성격이 된다.
성격을 조심하라. 운명이 된다.

- 프랭크 아웃로 Frank Outlaw,
(바이로 슈퍼마켓 체인 창립자)

결과가 되는 말,
원인이 되는 말

말은 힘이 세다. 그래서 불평불만을 늘 달고 사는 사람은 이상하게도 주위에서 사람이 떠나고, 하는 일마다 되는 게 없게 된다. 말의 힘 때문이다. 마찬가지로, 아무리 안 좋은 상황이더라도 말을 곱게 하고 생각을 바르게 가지면 그것 또한 힘을 가진다. 말은 무엇이든 만들어내는 힘을 갖고 있기 때문이다.

  대부분의 사람들은 말을 어떤 일에 대한 반응으로 쓴다. 일이 잘 안 풀리면 "오늘은 참 안되는 날이다" 하고 말한다. 아이가 속상하게 하면 "얜 누굴 닮아서 이래" 하고 탓한다. 결과로서의 말이다. 그 상황을 바꾸지 못하는, 죽은 말이다. 하지만 극소수의 몇몇 사람들은 말을 원인으로서 쓴다. 어제 일이 안 풀려서 고생했더라도, "오늘은 왠지 좋은 일이 생길 것 같아" 하며 아침을 시작한다. 여행을 가서 고생하게 되면, "몇십 년 후 이야깃거리가 이렇게 또 생기는구나!" 한다. 이렇게 말하는 사람들은 말을 미래의 씨앗으로 심는 사람들이다. 말의 힘을 잘 아는 사람들이다.

생각해보라. 일이 잘 안 풀릴 때 투덜거리는 것은 누구나 할 수 있는 일이다. 사람이라면 누구나 할 수 있는 자연스러운 반응이다. 자연스럽다는 건, 그냥 타고난 대로 한다는 것이다. 아프면 소리 지르고, 배고프면 짜증을 낸다는 말이다. 그런데 뭔가를 바꿔보려는 사람, 안 되는 일을 어떻게든 되게끔 만들려는 사람은 다르다. 이런 사람들은 타고난 대로 반응하지 않는다. 아파도 참고, 배고프면 먹을 것이 어디 있는지 궁리를 하기 시작한다. 이런 사람들에겐 이미 벌어진 불행은 관심사가 아니다. 거기에다 대고 불평불만을 늘어놓는 건 바보짓이다. 다만 앞으로 닥칠 일을 조금이라도 더 낫게 바꾸는 것이 지혜로운 사람의 관심사다. 그래서 이런 사람들은 말을 바꿔 생각을 바꾸고, 생각을 바꿔 어떻게든 길을 찾아낸다. 그래서 투덜거리던 사람들은 보지 못했던 걸 보고, 찾지 못했던 걸 찾아서, 결국엔 그 상황에서 벗어난다. 그리고 이걸 평생에 걸쳐 반복한다.

마침 나는 세일즈맨으로 일하며 말의 이런 중요성을 남들보다 일찍 깨달아 사회생활 초기에 이 선순환에 접어들 수 있었다. 똑같이 궁지에 처해 있더라도, 말과 생각이 남다른 사람들은 어떻게 해서든 그 상황을 뒤집고 결국은 원하는 바를 이루는 모습을 수도 없이 봐왔다. 각자 하는 사업 분야가 달라도, 성공의 크기가 달라도, 인생을 잘 경영하는 사람들에게는 분명한 공통점이 있었다. 말을 함부로 하지 않는 것. 생각을 함부로 하지 않는 것.

물론 말과 생각이 반듯하다고 해서 늘 일이 잘 풀리는 것은 아니다. 세상엔 어쩔 수 없는 재능의 차이, 시간의 차이, 힘의 차이 같은 것이 존재한다. 다만 좋은 성공의 뒤에는 반드시 좋은 말과 생각이 있다는 것 또한 분명한 사실이다. 말과 생각만으로 모든 게 해결되진 않지만, 말과 생각을 똑바로 하지 않고 만들어지는 좋은 인생이란 없다. 생각한 대로 살지 않으면, 사는 대로 생각하게 된다고 하지 않는가.

인생을 바꾼 333자의 마법

1986년 봄, 내가 웅진을 창립한 후 사세가 확장되어가던 때였다. 여러 가지로 고생한 보람이 있어서 직원이 1000명 가까이 늘게 되자, 나는 앞서 말한 '말과 정신의 중요성'을 강조할 방법이 없을까 궁리하게 됐다. 그동안 직원이 적었을 때에는 같이 밥도 먹고 목욕도 하고 그러면서 이런저런 얘기를 해줄 수 있었지만, 직원이 엄청나게 불어나자 그럴 수가 없었다. 오래 같이한 직원들이야 내가 실제로 긍정적인 생각과 말로 역경을 헤쳐나가던 모습을 봐왔지만, 새로 들어온 직원들에겐 내 생각을 생생하게 전하기 어려웠다. 그래서 고민 끝에 그간의 내 신념들을 간결하게 적어보기 시작했다. 내 성격상 화려하게 꾸미는 것은 하지 않았고, 그저 두고두고 읽어도 진실한 내용이기만을 바랐다. 그렇게 탄생한 것이 바로 333자로 이루어진 '나의 신조'다. 웅진 식구라면 크고 작은 모임에서 이 '나의 신조'를 제창한다. 신조는 다음과 같다.

- 나는 나의 능력을 믿으며
 어떠한 어려움이나 고난도 이겨낼 수 있고
 항상 자랑스러운 나를 만들 것이며
 항상 배우는 사람으로 더 큰 사람이 될 것이다.
- 나는 늘 시작하는 사람으로 새롭게 일할 것이며
 나는 끈기 있는 사람으로 어떤 일도 포기하지 않고
 끝까지 성공시킬 것이다.
- 나는 항상 의욕이 넘치는 사람으로,
 나의 행동과 언어 그리고 표정을 밝게 할 것이다.
- 나는 긍정적인 사람으로, 마음이 병들지 않도록 할 것이며
 남을 미워하거나 시기, 질투하지 않을 것이다.
- 내 나이가 몇 살이든 스무 살의 젊음을 유지할 것이며
 나는 세상에 태어나 한 가지 분야에서 전문가가 되어
 나라에 보탬이 될 것이다.
- 나는 다른 사람의 입장에서 생각하고
 나를 아는 모든 사람들을 사랑할 것이다.
- 나는 정신과 육체를 깨끗이 할 것이며
 나의 잘못을 항상 고치는 사람이 될 것이다.
- 나는 나의 신조를 매일 반복하며 실천할 것이다.

소박하다면 소박한 문장들이지만, 나는 일생을 이 신조를 지키기 위해 무던히도 애써왔다. 별것 아닌 것 같은 단순한 문장들이지만 사람이 이처럼 살려면 굉장한 노력이 필요하다. 신조를 만든 나조차 쉽지 않았고, 지나고 보면 늘 후회되는 잘못도 많았다. 하지만 말과 생각의 힘을 믿는 나는 이 '나의 신조'를 북극성 삼아 인생을 항해해왔다. 만약 내가 나중에라도 그리 나쁘지 않은 평가를 받는다면, 그건 바로 1986년에 스스로 만들었던 이 333자의 마법에 걸렸었기 때문이리라.

실제로 오래 알고 지내던 지인 한 분이 최근에 보험 세일즈 업계에 투신했는데, 이분이 '나의 신조'를 유달리 좋아하는 분이었다. 원래 그전에 하던 수산물 사업이 잘 안 돼서 고민하던 차에, 매일 '나의 신조'를 암송하면서 마음을 다잡았다고 한다. 그걸 5년간 했더니 하는 일들이 잘 풀려서 이제는 직원이 5000명 넘는 그 보험사에서 보험왕까지 되고 수당으로 1억 원을 받았다면서 감사의 인사를 전해왔다.

물론 그게 어디 '나의 신조' 때문만이었겠나 싶지만, 또 한편으로는 매일 그렇게 마음을 깨끗이 하고 고객을 만나러 다녔다면 어느 정도 효과가 있었으려니 하는 생각도 든다. 내가 그랬듯, 세일즈에서는 세일즈맨 본인의 멘탈 관리가 가장 중요하기 때문이다. 좋은 생각을 갖고 와서 좋은 말로 전하는 내용은 고객이 바로 느낀다. 사람이란 워낙 사회적인 동물이기 때문에, 세일즈맨이 어떤 마음을 갖고 세일즈를 하는지 여러 신호를 통해 알아낸다. 고객 세일즈에 앞서 자기 자신을 설득할 수 있어야 하는 이유다.

꼭 '나의 신조'가 아니어도 된다. 평생을 갖고 가고 싶은 좋은 말을 품고 매일 행해보라. 일주일 후엔 똑같을지 모른다. 한 달도 별 차이 없을 수 있다. 그러나 1년 후, 10년 후엔 당신은 반드시 다른 사람이 되어 있을 것이다. 20년이면 주변 사람이 바뀔 것이고, 30년이면 운명을 바꾸기에 충분하다. 세상에 이보다 더 확실한 거래가 없는데, 당신은 여전히 미루고만 있는가.

4장

말 한마디로
106억 투자를 받다

브리태니커 사에서 누구보다 열정적으로 일하자 저절로 여러 운이 따르기 시작했다. 나는 이제 세일즈가 완전히 몸에 붙어서 실적도 늘 좋았고 정말 신명 나게 일하고 있었다. 내가 유난히 실적이 좋으니 회사에선 나를 2년 만에 매니저로 승진을 시키고는 15명의 팀원을 붙여주었다.

혼자만 일하다가 팀원을 받고 보니, 사람이란 게 참 제각각이었다. 어떤 사람은 눈치가 빠르고 머리가 좋아 내 노하우를 족족 잘 받아먹는데, 어떤 사람은 쑥스러움이 많아 고객 앞에서 입도 벙긋하지 못했다. 안 되겠다 싶어서 내가 고객 앞에서 하는 상품 설명을 그대로 적어서 달달 외우게 시켰다. 아무리 말주변이 부족한 사람이라도 이렇게 달달 외우고 나가게 되니 어느 정도 설명이 가능해졌다. 그 밖에도 내가 알고 있는 모든 자잘한 노하우를 전수했다. 가망 고객을 알아보는 법, 고객의 상황에 따라 상품 설명을 조절하는 법, 꼼꼼하게 고객을 관리하는 법, 계약 후 사후 관리 등을 우리 팀에 아낌없이 모두 전수해 주었다. 그리고 실제 고객을 만났을 때처럼 상황극을 하면서 연습하도록 했다(롤플레잉).

그러자 곧 효과가 나기 시작했다. 처음엔 다 똑같이 무작위로 뽑혀 들어온 사람들이었지만, 내가 전해준 노하우에 더해 자기들끼리도 세일즈에 자신감을 가지더니 급기야 우리 팀이 회사 전체에서 1등을 하기 시작했다. 당시 브리태니커 사의 세일즈맨이 약 350명 정도였는데, 우리 팀 15명에서 나머지 전체보다 실적이 좋을 때도 있었다. 이순신 장군이 명량해전에서 12척의 배로 왜선 330척을 물리쳤을 때 이렇게 기뻤을까. 내 세일즈 방법이 틀리지 않았음을 확인하는 순간이었다. 또 내가 가르친 사람들이 승승장구하게 되자 나 혼자서 잘할 때보다 몇 배나 기쁜 마음이 들었다. 사람을 바꾼다는 게 이렇게 보람 있는 일인 줄 몰랐던 것이다. 그러면서 문득 '내게 리더십이 있구나!' 깨달았다. 이전에는 없던 새로운 욕심이 생겨났다.

무모한 편지 한 통

매니저를 맡아 팀이 놀라운 성과를 내자, 내 꿈은 더 커져만 갔다. 작은 팀 하나도 이렇게 바꾸었으니 당시 내가 근무하던 부산 지역을 총괄하게 된다면 부산 바다 전체를 바꿀 수 있을 것 같았다. 나는 사장에게 보낼 편지를 매일 썼다. 다음 날 아침이면 전날 써놓은 편지를 보고 찢어버리고 또다시 쓰는 걸 반복했다. 그러던 어느 날 판매관리실장에게 그 편지를 보여주었다.

"실장님, 제가 지역장에 한번 도전해보고 싶습니다. 다음에 사장님 뵐 때 이 편지와 함께 제 이야기를 좀 전해주실 수 있을까요?"

"뭐라고? 당신 돌았어? 회사에 들어온 지 이제 2년밖에 안 된 사람이 무슨 승진 얘기를 입에 올려. 사장님한테 말했다가는 당장 쫓겨나기 십상이니 잠자코 있어."

하지만 나는 굴하지 않았다. 나 같은 사람에게 지역장을 맡겨야 회사가 변한다고 생각했다. 단순한 승진 욕심이 아니었다. 내 능력이 어디까지인지 시험해보고 싶었다. 나는 결국 그 편지를 직접 사장에게 보냈다.

그러고 나서 얼마 후 사장이 간부들과 모여서 판매 회의를 하다가, 내가 보낸 편지 얘기를 꺼냈다. 당돌하기도 하고 특이한 일이니 사장도 쉽게 잊을 수 없었을 것이다. 그러자 간부 중 한 명이 부정적인 의견을 냈다.

"아니, 입사한 지 2년 조금 넘은 놈이 무슨 지역장 승진을 시켜달라고 한다고요? 그럼 먼저 들어온 선배들이 가만히 있겠어요?"

그런데 다른 간부들의 반응이 의외였다. 내가 얼마나 열정적이며 일을 잘 해내는지 말하며 진지하게 추천한 것이다.

"윤석금, 이 사람 한번 시켜볼 만합니다. 굉장히 적극적이고 입사 후 계속 최고 실적을 내고 있습니다."

"본인이 의지를 보이고 있고, 일도 잘할 거 같으니 한번 맡겨보시죠. 지금 같은 실적이라면 다른 직원들도 어느 정도 수긍할 겁니다."

아마 이 간부들은 매주 고성과자의 실적이 올라오는 주보週報를 통해 내 이름을 알고 있었을 것이다. 그러면서 이런저런 소문을 통해 나에 대한 좋은 인상을 가졌던 것 같다. 아무리 실적이 좋더라도 내가 평소에 주변 사람들에게 안 좋은 인상을 주었더라면 그 자리에서 추천의 말이 나오긴 어려웠을 것이다. 늘 처신을 바르게 해야 하는 이유다.

그렇게 입사 2년 만에 부산 전체를 총괄하는 지역 책임자가 되었다. 그러고 나서 다시 6년 후 초고속 승진을 해서 브리태니커 사의 판매상무까지 올랐다. 평사원으로 출발해 10년도 안 돼 임원이 된 것이다. 당시로서도 전례가 없는 일이었다. 내가 마침 오로지 자신의 능력만으로 실적을 증명할 수 있는 세일즈라는 분야에 있었고, 그게 내 적성에 딱 맞아떨어진 덕분이었다. 내가 가장 잘할 수 있는 일을 첫 직장에서 만났다는 점에서 나는 행운아였다. 그리고 그건 앞으로 있을 더 큰 행운들의 시작이었다.

꿈을 꾸기 시작하다

세계적인 출판 기업이었던 브리태니커 사에서 30대 초반에 이미 임원을 달고 승승장구하고 있었지만, 내 마음속에서는 더 큰 꿈이 자라고 있었다. 나는 분명 세일즈에 탁월한 재능이 있었다. 그리고 리더십과 사업 감각, 배짱도 있어서 큰 자리를 맡을수록 성과가 늘어만 갔다. 내가 잘할수록 회사도 큰 이익을 봤지만, 그럴수록 마음 한편에선 내 사업을 해보고 싶다는 꿈이 커졌다. 이런저런 규율에 얽매인 낡은 조직이 아닌, 오로지 내 아이디어와 수완으로만 일으킨 내 회사! 나보다 못한 사람들의 지시를 받는 게 아니라 똑똑하고 성실한 사람들이 모여서 같이 만들어내는 젊은 회사! 내 능력 하나로 시장에서 검증받고 성공도 실패도 내가 다 감당하는 진짜 나의 것! 한번 그런 생각이 들기 시작하니 그 생각은 머릿속을 꽉 채우고 날 놔주지 않았다. 나는 계속 창업의 꿈을 그려나갔다.

그런데 아직 1970년대, 먹고살기 어렵던 시절의 한국 땅이었다. 주위를 둘러봐도 내 비전을 감당할 만한 투자자를 찾기 쉽지 않았다. 당시 브리태니커 사는 다른 한국 기업과는 달리 선진적이고 합리적인 경영을 하고 있어서 나는 그것에 익숙해 있었다. 투자의 규모로 보나 합리성으로 보나, 외국계 투자를 받으면 딱 좋을 것 같았다.

"나 말야, 외국인한테 투자를 받아서 내 사업을 해보고 싶어."

하지만 지인들에게 이런 말을 하면 다들 눈을 동그랗게 떴다. 당시 시대 분위기를 감안하면 어처구니없는 몽상 같았으리라. 1970년대엔 외국계 투자는 고사하고 해외여행조차 자유롭지 않았다. 사람들은 외국에 대한 정보를 책이나 잡지를 통해서만 약간씩 접할 수 있었다. 나 역시 외국에 가본 적도, 외국인 지인도 없었으며, 심지어 영어도 못했다. 그런 내가 해외 자본을 투자받아 사업을 하겠다는 꿈을 꾸고 있으니 지금 돌이켜봐도 참 무모한 생각이었다. 하지만 이제까지 없던 일은 이제까지 없던 생각에서만 나오는 법이다. 나는 이미 몇 차례 그걸 겪은 사람이었다.

**미국에서 일본으로,
투자자를 찾아서**

1979년 어느 날, 브리태니커 사 상무 자격으로 본사에서 열리는 회의에 참석하기 위해 미국 시카고로 갈 일이 있었다. 사실 그 회의에 참석하기 1년 전부터 나는 외국 자본을 유치해서 내 사업을 하겠다는 구상안을 노트에 적고 있었다. 그저 생각날 때마다 메모하듯이 쓱쓱 적었으니 아주 치밀한 계획은 아니었지만 마음속에 꿈을 품고 있어 하루하루가 신이 났다.

나는 세일즈 경험은 풍부했지만 전문적으로 사업 계획을 세우며 일해본 적은 없었다. 사업계획서라는 걸 써본 적도 없고, 영어도 못할뿐더러 미국에 아는 사람이라고는 브리태니커 사 직원들 몇 명뿐이었다. 그나마도 단체로 밥 먹고 악수하며 인사 나눈 것이 전부였다. 그런데도 사업을 준비하던 1년 동안 나는 안 될 거라는 생각을 하지 않았다. 누군가는 반드시 나에게 투자할 거라고 생각하며 계속 준비하고 있었다.

시카고에 위치한 브리태니커 본사 회의장에 탁월한 실력을 인정받은 각국의 세일즈맨들이 모두 모였다. 나는 그들 중 일본인 세 명에게서 명함을 받았다. 그때 내게 명함을 준 일본인과 대화를 나누다 보니 일본으로 가서 투자자를 찾아야겠다는 생각이 떠올랐다.

나는 서울로 돌아가는 대신 일본으로 가야겠다고 결심했다. 하지만 일본도 나에게는 난생처음 가보는 나라이자, 아는 사람 한 명 없고 대화도 통하지 않는 낯선 나라이긴 마찬가지였다. 그런데 운 좋게도 이 문제를 해결할 대안이 있었다. 시카고에 갈 때 나보다 나이는 열 살쯤 많지만 한 직급 아래인 부장과 동행한 것이다. 마침 그는 일제강점기에 초등학교 5학년까지 학교를 다녔고 이후에도 계속 일본어 공부를 해서 일본말을 아주 능숙하게 구사했다. 그와 함께 출장을 가게 된 것 자체가 나에게는 엄청난 행운이었다. 물론 이런 행운도 내가 계속 꿈을 꾸고 계획을 하지 않았다면 아무런 의미가 없었을 것이다.

"부장님, 제가 한국으로 바로 돌아가는 대신 일본에 며칠 들를까 하는데요. 괜찮으시면 함께 일본에 가주겠습니까? 물론 모든 경비는 제가 대겠습니다."

투자자를 찾으려면 나는 그의 도움이 절실했고, 그는 돈 들이지 않고 일본에 갈 기회를 얻었으니 우리 둘 다 좋은 일이었다. 우리는 일본에 도착하자마자 브리태니커 본사에서 인사를 주고받은 일본인을 찾아갔다.

"사실은 제가 투자자를 물색하는 중입니다. 혹시 일본 회사 중 브리태니커 사와 비슷한 회사의 사장을 소개해주실 수 있을까요?"

"죄송합니다만 저는 부장급이라 다른 회사의 사장이나

회장을 소개해줄 정도의 인맥은 없습니다."

"그러면 투자 요청을 할 만한 회사 리스트라도 알려주시면 큰 도움이 될 것 같습니다."

사람 소개는 부담스러워도, 비슷한 회사들을 알려주는 건 별로 어렵지 않을 것 같아서 한 부탁이었다. 우리는 열 개 정도의 회사 리스트를 받았다. 우리는 그걸 갖고 신주쿠에 있는 프린스호텔로 들어가 여독을 풀 새도 없이 전화를 걸기 시작했다.

처음 보는 일본 회장에게 106억 투자를 받다

우리는 리스트에 있는 모든 회사에 전화를 돌렸다. 하지만 콜백이 온 곳은 단 한 군데밖에 없었다. 갑자기 외국인이 전화를 해서 사장을 만나게 해달라니 얼마나 황당했겠는가. 어찌 보면 다시 연락을 해온 그 회사가 특별한 경우였다.

"저희 회장님을 만나시려는 이유가 뭔지 여쭤봐도 될까요?"

"회장님을 만나면 자세히 말씀드리겠습니다."

"그래도 무슨 일로 그러시는지 미리 알려주셨으면 합니다."

"귀사에 도움이 될 만한 일을 가져왔습니다. 전화로는 자세한 이야기를 하기 어려우니 직접 만나서 구체적인 사업 제안을 하고 싶습니다."

잠시 말이 없던 비서는 회장님께 말씀드려보고 다시 연락하겠다고 했다. 나의 세일즈 포인트가 먹힌 것이다. 영업을 할 때는 '내가 필요한 것이 있다'라고 해서는 안 되고, '당신에게 필요한 것을 주겠다'라는 취지로 다가가야 한다. 또 너무 자세히 얘기를 하면 더 듣지도 않고 대화를 끊어버리는 경우도 있다. 그러니 적절한 정도의 호기심을 남겨두는 게 좋다. 그래서 나는 '귀사에 도움이 되는 일을 가져가겠다'라는 메시지가 전달되도록 했다. 누군가가 내게 도움이 되는 제안이 있다고 연락해오면 궁금증에 한번 만나기가 쉽다. 만약 그때 내가 투자 유치 때문이라고 했다면 그 비서는 나를 회장에게 연결해주지 않았을 것이다.

또한 비서 입장에서도 나의 제안은 회장에게 보고할 명분이 있었다. '귀사에 도움이 되는 일'이라는 건 비서 입장에서는 그냥 거르기엔 아주 찝찝한 제안이었을 것이다. 게다가 만약 자기 선에서 미팅을 거절했는데, 만약 내가 나중에 어찌어찌해서 회장에게 찾아가게 된다면? 그래서 자기가 미팅을 사전에 잘랐다는 사실이 알려진다면? 직무를 다하지 못했다는 질책을 당할지도 모를 일이었다. 역시 비서는 다시 연락을 해왔고, 우리는 회장과의 약속을 받아낼 수 있었다.

그렇게 해서 찾아간 곳이 바로 헤임인터내셔널이다. 영어 학습 카세트테이프 등의 각종 교재를 개발해서 판매하는 회사였다. 우리는 회사에서 보내준 차를 타고 신주쿠에 있는 센터빌딩에 도착해서 곧바로 44층으로 올라갔다. 그날 회의장 풍경은 지금도 생생하다. 창 너머로 신주쿠 시내가 한눈에 보이는 회의실 한가운데에 미우라 회장이 앉아 있었고, 그 옆에는 두 명의 사원이 회의 내용을 기록할 준비를 하고 있었다.

회의장의 긴장된 분위기를 풀기 위해 먼저 나에 대해 간단히 소개한 후, 이어서 그동안 준비해온 사업 계획을 브리핑했다. 나는 세일즈를 하면서 상대의 눈빛, 표정, 보디랭귀지를 통해 반응을 읽어내는 동물적인 감각을 훈련해왔다. 그래서 사업 계획을 브리핑하면서도 줄곧 회장의 기색을 살폈다. 한눈에도 그가 상당한 호감을 갖고 있음을 알 수 있었다. 일단 자신감이 생기자 발표도 순조롭게 잘 마무리할 수 있었다.

당시 두 시간가량 미우라 회장과 이야기를 나누었는데 첫 만남치고는 꽤 긴 시간이었다. 일면식도 없던 외국인이 갑자기 투자 설명회를 연 셈인데, 그런 반응은 상당히 이례적인 것이었다. 미팅을 마치고 가려고 인사를 하니 미우라 회장이 뜻밖의 말을 했다.

"혹시 오늘 저녁에 약속이 있으신가요?"

"없습니다. 일본에 처음 와서 아는 사람이 한 명도 없는데 저녁 약속이 있을 리가 없지요."

우리는 함께 저녁 식사를 했고 만남은 2차까지 이어졌

다. 미우라 회장은 기분이 좋았는지 3차까지 제안했지만 나는 거절했다. 3차까지 가면 왠지 일을 성사시키는 데 도움이 되지 않을 거라는 느낌이 들었기 때문이다.

당시 내가 미우라 회장으로부터 받은 투자금은 7억 8000만 엔으로 지금 우리 돈으로는 약 106억 원에 해당하는 거금이었다(1979년 엔화 환율 약 200엔, 물가상승배수 6.85배). 하지만 이 기적 같은 일은 그냥 사업 계획 브리핑과 첫 만남에서의 호감만으로 성사된 게 아니었다. 당시 미우라 회장은 미팅 후에도 내가 어떤 사람인지를 샅샅이 조사했고, 통역을 맡았던 부장의 사생활과 신용 상태까지 알아보는 치밀함을 보였다. 그는 내가 브리태니커사의 판매상무이자, 전 세계 세일즈맨 중 1등을 할 정도로 영업력과 평판이 좋다는 것까지 확인한 후에야 투자를 결정했다. 내가 만약 벤튼상을 탈 정도의 압도적인 실적이 없었거나, 그날 소개와 저녁 식사 자리에서 했던 말 중 조금이라도 거짓된 부분이 있었다면 투자는 성사되지 않았을 것이다. 평소의 실력과 끈질긴 꿈, 그리고 배짱이

맞물려 만들어낸 '준비된 기적'이었다.

아무것도 하지 않으면
아무 일도 일어나지 않는다

그날 이후 많은 사람들이 나에게 일면식도 없는 해외 기업으로부터 거액을 투자받은 비법을 물어왔다. 그때마다 나는 긍정 마인드 덕분이라고, 포기하지 않았기 때문이라고 답했다. 좀 교과서 같은 말이지만, 사실이니 달리 말할 수가 없다.

지금 돌이켜 생각하면, 미우라 회장의 투자를 받기까지의 일들은 온통 말이 안 되는 것들뿐이다. 맨 처음엔 브리태니커 사무실에서 교육을 듣다 말고 뛰쳐나올 정도로 부정적이었던 청년이, 2년 뒤에는 부산 전체를 맡겨달라고 사장에게 편지를 쓰고 있었다. 초고속 승진으로 임원이 되었으면 만족할 법도 한데, 더 터무니없는 꿈을 꾸면서 외국을 돌아다녔다. 외국어도 전혀 못하면서 갑자기 일본으로 가서, 처음 보는 회장 앞에서 브리핑을 해서 100억 투자를 받아서 돌아왔다. 이 모든 것이 10년이 안 되는 기간 안에 이루어졌다.

그런데 지나고 나서야 신기한 일이라고 웃으며 말하지만, 막상 당시에는 정말 일이 이렇게 풀릴 거라고는 전혀 생각할 수 없었다. 늘 앞이 보이지 않는 막막한 상태였고, 주변에 변변하게 도와줄 사람도 없었다. 대개는 이런 상태가 지속되면 사람이 지쳐서 포기하게 마련이다. 어떻게 보면 더 헛심을 쓰지 말고 그만 포기하는 게 합리적이었을 수 있다. 그런데 나는 기이할 정도로 꿈을 포기하지 않았다.

내가 세일즈를 시작하면서 배운 게 또 하나 있다. '해보지 않으면 알 수 없다'라는 것이다. 사실 이건 아주 간단한 이치다. 자, 세상에 없던 게 생겼다고 하자. 요즘의 인공지능 회사든, 희귀 암을 고치는 신약 발명이든, 이전엔 없던 새로운 것이 생겼다고 하자. 그러려면 먼저 뭐가 있어야 하나? 그렇다. 새로운 걸 시도하는 사람이 우선 있어야 한다. 그런데 새로운 걸 시도하는 사람들은 왜 그렇게 드문가? 놀랍게도 새로운 시도란 대개 합리적이지 않기 때문이다. 세상에 없던 게 계속 없는 데에는 수천 가지의 이유가 있다. 당장 내가 직원들에게 "이건 도대체 왜 계속 이런 상태입니까? 왜 해결되지 않는 건가요?" 하고 물어보면, 실무를 잘 아는 직원들은 수십 가지의 이유를 댄다. 물론 그 이유 하나하나에는 나름 타당한 점이 있을 것이다. 그런데 그런 것들이 모여서 세상이 그냥 그렇게 흘러가게 된다. 다들 불편을 느끼고 문제라고 생각하지만, 그걸 해결하는 데 드는 노력이 너무 크니까 누구도 선뜻 나서지 않는 거다. 개인 차원에서는 그게 맞는 일일 수 있다.

하지만 사업가의 관점에서 보면 바로 이게 사업의 기회다. 사람들이 너무 합리적이어서 아무도 덤벼들지 않는 것, 이 상식적이지 않은 문제들에서 사업은 시작한다. 모두가 불편을 겪는 바로 이 문제만 해결하면, 사람들은 기뻐하며 돈을 내게 된다. 모두가 터무니없다고 생각해서 아무도 다가가지 않는 그곳에, 아무도 테스트해보지 않은 기회가 놓여 있곤 한다. 그러니 좋은 사업가란 늘 합리적이지 않은, 얼토당토않고 터무니없는 생각을 갖기 시작하는 사람일 수밖에 없다. 내가 사장에게 편지를 썼을 때, 외국인에게 투자받고 싶다고 돌아다닐 때, IMF 때 창고에 쌓여 있는 정수기를 반값에 빌려주자고 했을 때, 모두가 나서서 말렸다. 하지만 그런 터무니없는 발상과 실천이 없었더라면 오늘날의 나는 없었다. 아니 아이폰도, 아마존도, 챗GPT도 없었을 것이다.

물론 과감한 발상이 모두 성공하는 건 아니다. 자기만의 아이디어로 사업을 일으켰다가 망한 사업가들도 수없이 많다. 그러나 그건 사후의 결과일 뿐, 뭔가를 시작하는 사람이 그걸 미리 알 수는 없다. 나 또한 나중에 잘될 걸 알고 그 일들을 벌인 게 아니다. 시작할 수밖에 없어서 시작한 것이다. 시작이 없는 결과란 있을 수 없기에, 해보지 않으면 어떤 결과가 나올지 알 수 없기에, 고통스럽지만 시작한 것이다. 그러니 되든 안 되든, 뭔가를 이루겠다는 사람은 일단 시작하는 수밖에 없다. 그러지 않고는 세상에 뭔가 변화를 가져올 방법은 없다. 크게 성공할 방법이 없다. 나라는 사람의 한계를 테스트해볼 방법이 없다.

최근 젊은이들의 도전 정신이 많이 사라졌다고 한다. 불행한 일이다. 젊을 적엔 비교적 잃을 게 적은 반면 무모함과 용기가 많다. 시도해보다 실패하면 뭔가 큰일이 나는 것 같겠지만 전혀 그렇지 않다. 몇 년만 지나고 보면 정말 아무것도 아닌 것들이다. 오히려 경험을 얻게 되니 남는 장사다. 요즘 말로 커리어가 생기니 이득이라고 생각하는 게 맞다. 몇 년 전부터 '그릿Grit'이라는 말이 유행했다. 끈기, 집념 같은 것을 뜻한다. 맞는 말이다. 사업가에게 중요한 것은, 아니 인생에서 가장 중요한 것은 지능이나 재능이 아니라 끈기, 버티는 힘, 안 돼도 계속 해보는 능력이다.

뭐든 해봐야 한다. 물론 잘 준비하는 것도 필요하지만, 대부분의 사람들은 그 준비를 한다면서 평생을 흘려보낸다. 어차피 겪어보지 않고 머릿속 궁리만으로 다 대비할 수 없다. 몸으로 겪는 게 진짜 대비다. 해보고 닥쳐봐야 전에는 몰랐던 문제들을 발견할 수 있고 해결책도 떠올릴 수 있다. 내가 수첩을 들고 다니며 독립을 꿈꾸지 않았더라면, 미국에 갔을 때 그냥 회의만 참석하고 돌아왔을 것이다. 그 꿈을 끈질기게 붙들고 있었기에 일본어 잘하는 부장이 눈에 들어왔고, 무대포로 일본 회사들에 전화를 돌렸고, 처음 보는 회장을 만나 100억을 들고 돌아올 수 있었다. 사업 계획을 철저히 준비한답시고 사업계획서만 작성하고 있었다면 나는 브리태니커 사가 망할 때까지 회사에 남아 있었을 것이다.

누구에게나 단 한 번뿐인 소중한 인생이다. 어렵게 얻은 인생이라면 세상에 내가 다녀갔다는 표시 하나쯤 남겨도 좋지 않을까. 이제까지 없던 것을 만들어내는 일, 사람들을 행복하게 해주는 일, 세상을 더 낫게 만드는 일은 여전히 많다. 내 소중한 인생을 다른 소중한 인생들을 위해 쓰는 일만큼 큰 행복은 없다. 대한민국 모두가 자신의 멋진 인생을 위해 아름답게 도전하는 모습을 꿈꿔본다.

5장

일단 최고로 만들어라

1980년, 일본에서 받은 투자금 일부를 자본금 삼아 나는 드디어 그토록 바라던 나만의 회사를 창립했다. 브리태니커 사에서 책을 팔았으니, 내가 잘 아는 교육 출판업을 해보기로 했다. 우선 회사를 차렸으니 일할 사람을 구해야 했다. 편집부 직원을 모집한다는 공고를 냈는데, 작은 신생 회사다 보니 마땅한 지원자가 없었다. 당시에도 사람들은 큰 기업을 선호해 아직 제대로 상품도 내놓지 않은 신생 기업에는 관심을 주지 않았다. 이대론 안 되겠다 싶어 친분이 있던 서울대 교수를 찾아갔다.

"교수님, 제가 출판사를 하나 차렸습니다. 그런데 책을 만들 사람을 구하기가 쉽지 않네요. 여기 출신 제자들 중에서 혹시 추천해주실 만한 사람들이 있을런지요?"

"아, 당장 추천할 만한 사람이라면…… 그럼 혹시 학생운동을 하다가 퇴학당한 친구들도 괜찮을까요? 아주 똑똑한 친구들입니다만."

나는 속으로 쾌재를 외쳤다. 당시 작은 신생 출판사에서 서울대 출신 직원을 뽑기란 거의 불가능했다. 그런데 교수가 추천할 정도로 똑똑한 학생들이라니, 게다가 우리 회사 말고는 제대로 취업하기가 힘든 퇴학생이라니, 나로선 오히려 안성맞춤이었다. 그렇게 해서 7명의 직원으로 첫 회사가 꾸려졌다. 실제로 이때 입사한 편집부 직원들은 책을 전혀 만들어보지 않았음에도 놀라운 발상과 성실함으로 웅진의 초기 대형 히트작들을 만들어낸다. 퇴학을 당할 정도로 사회에 대한 열정과 정의감이 있었던 사람들이었고, 나도 그들의 작은 일탈은 눈감아주면서 품으려 애썼다. 이들 중 몇몇은 자신만의 끼와 재주로 지금도 문화계, 방송계에서 유명한 사람들이 되어 있다.

퇴근길에 탄생한
대박 아이디어 상품

그렇게 창립은 했는데, 초반엔 아직 자체 제작 상품이 없어서 일본 헤임인터내셔널에서 『Modern English Self Learning』(줄여서 '메슬'이라고 불렸다)이라는 거질巨帙의 영어 학습 전집을 수입해 한국어판으로 만들어 판매했다. 이 책도 당시로서는 굉장한 고가의 제품이었지만, 브리태니커 사에서 했듯이 기가 막힌 스토리텔링을 입혀서 좋

웅진(당시 헤임인터내셔널)의 첫 제품이었던 『Modern English Self Learning』 광고. 당시 16만 원가량이던 타사 제품보다 4배 이상 비싼 72만 원(현재가 382만 원가량)의 초고가 교재였다. (출처: 1989년 3월 21일자 한겨레신문)

은 실적을 냈다. 한마디로, 다른 교재는 원어민이 만들었기 때문에 비원어민 입장을 고려하지 못했지만, 이 교재는 수십 년간 학생들을 가르쳐본 학원 선생님들이 만들었기 때문에 학습 효과가 좋다는 점을 강조한 것이다. '영어 전문가가 만들지 않은 영어 회화 테이프'라는 히트 슬로건은 그렇게 만들어졌다.

그러나 아무리 『메슬』이 잘 팔려도, 우리는 한국 기업이니 우리만의 제품이 있어야 했다. 직원들과 함께 매일 기획 회의를 하며 책을 개발했다. 그런데 브리태니커 사에서 이미 만들어진 책을 팔 땐 몰랐는데, 막상 직접 책을 만들어보니 이게 보통 일이 아니었다. 나도 직원들도 경험이 없어 시행착오의 나날이 이어졌다. 매달 월급날은 돌아오는데 자본금은 줄어들고 있어 사장의 고통을 절감하기 시작한 어느 여름날이었다.

퇴근하고 집에 가는데 라디오에서 뉴스가 흘러나왔다. 학생들의 사교육 문제를 해결하기 위해 과외를 전면 금지한다는 내용이었다. 만약 몰래 과외를 하다 적발되면 학생은 무기정학, 학부모는 직장 해고, 과외교사는 형사처벌하겠다는 엄청난 내용이었다. 지금 생각하면 초법적인 조치였지만, 당시 전두환 정권 아래에선 행정부의 힘이 막강했다. 내 머리가 갑자기 빠르게 돌기 시작했다.

'이렇게 갑자기 과외를 금지하면, 그동안 과외받던 학생들은 어디로 갈까.'

'불법 과외가 안 된다면 합법적인 과외 방법은 없는 걸까.'

'정부가 과외를 금지한 건 재산에 따른 불평등을 막으려는 거다. 이런 부작용이 없는 과외라면 괜찮지 않을까.'

나는 문득 강의 테이프라는 해법이 떠올랐다. 사적으로 과외를 하는 것이 불법이라면, 전국에서 제일 잘 가르치는 선생님들의 강의를 녹음해서 모두가 들을 수 있게 하는 건 괜찮지 않을까, 정부에서도 이런 학습은 허가하지 않을까, 오히려 돈이 없는 집에서도 저렴하게 실력 좋은 선생님에게 배울 수 있으니 더 좋은 일이 아닐까, 생각이 꼬리를 물었다.

그날 밤새 아이디어를 구상한 후, 다음 날 출근하자마

자 직원들을 불렀다. 먼저 이 아이디어가 실현 가능한지 확인부터 해야 했다. 직원 한 명을 문교부(현재의 교육부)에 보내 강의 테이프를 제작, 판매하는 게 괜찮은지 문의하게 했다. 곧 괜찮다는 답을 갖고 왔다. 자, 이제 시간 싸움이었다. 다시 직원들을 보내 전국에서 강의 제일 잘하는 교사들을 수소문하게 했다. 곧 수백 명이 물망에 올랐다. 너무 많았다. 나는 이 중에서 나이가 많아 목소리가 탁할 가능성이 있는 사람을 빼고, 또 사투리가 심한 사람도 뺐다. 그리고 남은 사람들을 직접 면담하면서 목소리를 녹음했다. 그리고도 한 번 더 최종 녹음 테스트를 한 후 4명을 정했다. 자타공인 최고의 강사진이 이렇게 마련됐다.

그다음은 학습지였다. 내용이야 두말할 것 없었지만, 나는 당시 학습지들의 그 빽빽한 편집과 디자인이 싫었다. 브리태니커 한국지사 사장이었던 한창기 선생이 만들던 미려한 잡지들에 이미 눈이 트인 나였다. 크고 시원한 판형에 여백을 많이 넣었다. 종이도 당시 수험서에는 쓰지 않던 고급지를 썼다. 돈이 많이 들더라도 뭐든 최고로

당시로서는 파격적으로, 광고 역시 설명을 줄여 깔끔하고 박력 있게 구성했다. 제목을 사선 위에 올려놓아 단번에 눈을 사로잡았다. (출처: 1987년 12월 19일자 동아일보)

만들어야 직성이 풀리는 버릇은 이때 시작된 게 아닌가 싶다. 하지만 신생 출판사로서는 그만큼 압도적인 제품력이 필요했다. 누구라도 한눈에 '이 책은 뭔가 다르다'라는 생각이 들도록 만들어야 했다. 그만큼 절박했다.

이렇게 해서 웅진의 첫 자체 제작 상품인 『헤임고교학습』이 탄생했다. 내용도, 외형도 모두 자신 있었다. 당시로선 처음 보는, 압도적인 교재라고 자부했다. 직원 모두가 마른침을 삼키며 결과를 기다렸다. 그런데…… 하루 이틀 지나도 영 반응이 시원찮았다. 도무지 이유를 알 수 없었다. 나는 다시 직원들을 시켜 다방면으로 원인을 파악해봤다. 이유는 두 가지였다. 하나는 처음 들어보는 신생 출판사라서 인지도가 떨어진다는 점, 또 하나는 학습지의 고객인 학생들이 모두 학교에 있기 때문에 알릴 길이 없다는 점이었다. 당시엔 학생들이 야간자율학습을 했기 때문에 학교에서 아주 늦게야 하교를 했는데, 우리는 직장인이므로 낮에 학부모들을 대상으로 판촉 활동을 했다. 그런데 이 제품은 고교생을 대상으로 하는 것이니, 선택권은 학생들에게 있었다. 우리는 엉뚱한 데에 가서 세일즈를 하고 있었던 것이다.

아무튼 원인을 파악했으니 빨리 조치를 취해야 했다. 나는 또다시 파격적인 제안을 한다.

"우리, 그냥 밤에 뜁시다."

그 후 우리 직원들은 낮에는 자고, 학생들이 귀가하는 밤 10시부터 세일즈를 나가는 진풍경을 연출한다. 몸은 고되었지만, 좋은 책을 알아본 학생들 사이에서 입소문이 퍼지기 시작했다. 그리고 또 하나, 당시로선 파격적으로 신문에 전면 컬러 광고를 냈다. 작은 회사가 감당하기엔 엄청난 돈이 들었지만, 효과는 만점이었다. 친구들한테서 얘기로만 들었던 학습지가 떡하니 신문에 실린 걸 보면 학생은 더 이상 저항하지 못했다. 입소문과 신문 광고가 시너지를 내면서 무명 출판사의 첫 제품은 그야말로 대박을 친다. 이후 다른 학습지들도 큰 판형과 시원한 디자인, 좋은 종이를 모방하기 시작했다. 나는 그제야 숨을 돌릴 수 있었다.

좋은 제품에 대한 집착이 시작되다

웅진의 이 첫 제품을 만드는 과정에는 이후 내 인생을 관통하는 몇 가지 핵심이 다 들어 있다. 그중에서도 가장 중요한 건 역시 제품력이다. 나는 세일즈로 일어선 사람이지만, 형편없는 물건을 팔아본 적은 없다. 제품 자체가 압도적으로 좋고 고객에게도 이익이 있어야 세일즈 파워가 제대로 발휘된다. 형편없는 제품을 화려한 언변으로 팔아치우는 것은 세일즈가 아니라 그냥 사기다. 이런 사기성 짙은 세일즈가 오래가는 것을 본 적이 있는가.

그래서 사실 세일즈는 좋은 물건을 만드는 데에서 시작한다. 나는 첫 제품의 성공에 이 점이 가장 중요했다고 생각한다. 당시 과외 금지 뉴스를 듣고 나중에 강의 테이프 교재를 만든 회사도 여러 곳 있었지만 『헤임고교학습』만큼 잘된 것은 없었다. 학생들이 직접 써보고 퍼지는 입소문을 얄팍한 마케팅으로 덮을 순 없다. 만약 내가 그때 급한 마음에 아무 강사나 데려다 녹음하고, 몇 푼 아끼자고 다른 학습지처럼 조악하게 만들었다면 결국 반짝하다가 스러졌을 것이다. 물론 스피드는 필요하다. 하지만 그건 고객과 제품을 한 번 만나보게 하는 기회를 잡는 것에 불과하다. 당신이라면 좋지 않은 물건을 계속 쓸 것인가. 자명한 이치다.

나는 다시 한번 내 판단이 맞았다는 걸 확인했다.

'좋은 걸 만들자. 돈이 얼마가 들든 좋은 걸 만들면 사람들이 알아준다. 물건만 좋다면, 알리는 건 내가 가장 잘하는 것이 아닌가!'

그러면서 또 한 번의 대형 사고를 준비한다. 이번에는 어린이책이었다.

왜 우리 책 속에
우리 아이들이 없을까?

『혜임고교학습』의 성공으로 회사에 어느 정도 여유가 생기자, 나는 오랫동안 꿈꿔왔던 프로젝트를 꺼내 들었다.

어린이들을 위한 교양 전집을 하나 만드는 것이었다. 물론 당시에도 어린이책 전집은 여럿 있었다. 하지만 대부분이 서양 것을 그대로 베끼거나, 그도 아니면 서양 것을 흉내 낸 일본 책들을 베낀 것들이었다. 그러다 보니 내용도 우리나라 실정과 맞지 않았고, 무엇보다 그림에 우리나라 어린이들의 모습이 없었다. 책 속에 등장하는 어린이들의 모습은 머리만 까맣게 칠했을 뿐 영락없는 백인 아이들 모습이었다. 사실 책만 그랬던 것이 아니다. 아직 개발도상국 시절이었고 뭐든지 서양 것이라면 덮어놓고 찬양하던 때였다. 미의식도 거기에 맞춰져 있어서, 서구적인 것이 더 아름답다고 생각할뿐더러 우리 스스로 우리 외모를 부끄럽게 여기기 일쑤였다.

하지만 문화계 일부에선 벌써 우리 것을 되찾으려는 노력들이 시작되고 있었고, 나는 우리 문화 수준이 좀 더 높아진다면 반드시 우리 것에 대한 자신감을 회복할 거라고 판단했다. 하지만 여전히 문제는 경험이었다. 아직 대형 어린이책 전집을 만들어본 적이 없으니 어디서부터 시작해야 할지 막막했다. 국내에서 시판되던 책들은 앞서 말했던 이유들로 참고가 되지 못했다. 나는 독일로 향했다. 독일 프랑크푸르트에서는 매년 가을 세계 최대의 도서전이 열린다. 나는 해마다 거기에 가서 세계 최정상의 어린이책을 수천 권씩 보곤 했다. 귀국길에는 그 무거운 책들을 수십 권씩 바리바리 싸 들고 와서 편집자들에게 전해주었다. 그렇게 몇 년을 맨땅에서부터 쌓아 올렸다.

외국의 훌륭한 어린이책들을 수없이 연구한 후, 우리는 우리만의 어린이책을 만들 지침들을 마련했다.

먼저, 우리 어린이책엔 이 땅의 어린이들이 있어야 했다. 뾰족코에 갸름한 얼굴이 아닌, 둥글넓적한 얼굴에 작고 귀여운 코를 그려야 했다.

그다음으로, 어린이책은 우선 밝아야 했다. 외국의 빼어난 책들을 보니 무엇보다도 색감에서 국내서들을 압도했다. 원화의 물감 문제일지 인쇄 문제일지 용지 문제일지는 중요치 않았다. 어떻게든 화사하고 밝은 색감의 어린이책을 만들고 싶었다. 내용도 희망찬 것, 긍정적인 것들로 채웠다. 아이들이 태어나 가장 먼저 보는 책이 아닌가. 좋은 것, 아름다운 것, 생명력 있는 것을 보여주는 게 맞는다고 생각했다.

　마지막으로, 다른 데에 있는 자료나 사진을 가져다 쓰지 말고, 오로지 우리가 찍은 것, 만든 것으로 책을 만들기로 했다. 당시엔 저작권 개념이 약했고 또 실제로 우리나라는 국제저작권협약에 가입돼 있지도 않았기에, 사진이나 자료를 아무 데서나 갖다 쓰곤 했다. 그러다 보니 우리 실정에 맞지 않는 자료, 우리 강산에 존재하지도 않는 동식물이 등장하기 일쑤였다. 우리 책은 진짜 우리 땅에서 자라는 식물과 뛰노는 동물로만 꾸며져야 했다. 그걸 위해 사진작가는 전국 곳곳을 누비며 수만 장의 사진을 찍어 왔다. 지금이야 핸드폰에 달린 디지털 카메라로 하루에 1000장도 찍을 수 있지만, 당시엔 커다란 카메라를 이고 지고 길도 없는 산골로 뛰어다녀야 했다. 철에 맞는 꽃을 찍으려면 1년을 기다려야 하고, 철새를 찍기 위해 낙동강 철새도래지에서 찬바람을 견뎌야 했다. 몸으로 때운 사진작가도 고생이었지만 몇 년간 그 돈을 대느라 나도 걱정이 많았다.

　그러기를 3년여, '밝게 바르게 아름답게'란 슬로건 아래 진행되던 이 프로젝트에 참여한 인원만 300명이 넘어갔다. 당시 돈으로 8억, 지금 제작비로 환산하면 30억 원이 넘는 자금이 투여됐다. 1984년, 우리나라 어린이책의 역사에 한 획을 긋는, 『어린이마을』 36권이 이렇게 탄생했다. 본책 12권, 어머니책 12권, 스스로 해보기 12권에 동화 카세트테이프 3개로 구성돼 있었다.

이 전집이 출간되자마자 신문에서는 이렇게 평가했다.

"지금까지 한국 아동교육과 아동문화가 이룩한 성과의 총결산인 동시에, 전인全人 교육이 과연 무엇인가를 알려주는 첫 시도라는 점에서 앞으로 1980~1990년대 한국 아동교육 및 출판문화 발전에 획기적인 역할을 담당할 것이다."

찬사가 쏟아졌다. 수많은 상을 휩쓴 건 물론이다. 보는 사람들마다 칭찬 일색이었다. 그런데…… 또다시 판매에서 경보음이 울렸다. 책이 팔리지 않는 것이었다.

『어린이마을』을 구해낸 여성들의 힘

당시로서는 천문학적인 금액을 투자한 『어린이마을』은, 놀랍게도 초기에는 반응이 신통치 않았다. 제품은 국내 최고 수준으로 만들었으니 당연히 문제가 없었고, 다시 관건은 세일즈가 됐다. 나는 다시 한번 이 위기를 뒤집을 묘안을 짜내야 했다.

머릿속에 비슷한 구도가 떠올랐다. 세계 최고의 백과사전인 『브리태니커』를 판매하던 것과 비슷한 경우였다. 제품의 질에서는 이론의 여지가 없었다. 하지만 그게 얼마나 좋은 것인지는 따로 설명을 들어봐야 알 수 있었다. 서민들이 덜컥 사기에는 부담스러운, 그러나 최고 수준의 제품을 판다는 공통점이 있었다.

'그래, 『어린이마을』을 판매할 세일즈맨을 따로 뽑자!'

그런데 이번엔 고객이 전부 어머니들이었다.

'여성 고객에겐 무뚝뚝한 남성보다는 친절한 여성 사원이 설명하는 게 좋을 거다. 여성 방문판매 사원을 뽑자!

방대한 책의 내용을 잘 설명해야 하니 대학을 나온 여성 사원이면 더 좋지 않을까?'

이렇게 해서 업계 최초로 대졸 여성 방문판매 사원을 모집하게 된다.

당시엔 요즘처럼 맞벌이 부부가 많지 않았다. 여성이 아무리 똑똑하고 일을 갖고 싶더라도, 대개는 남편이 직장에 간 후에 집안일을 하며 육아에 전념하는 것이 일반 가정의 모습이었다. 그런데 사실 이건 국가적으로도 개인적으로도 큰 손해였다. 조선시대도 아니고, 대학까지 나온 유능한 여성 인력들이 집 안에만 있다는 것은 너무 구시대적인 풍경이었다. 그래서 우리가 신문 등에 사원 모집 공고를 내자 수많은 여성들이 지원해오기 시작했다. 꼭 돈을 많이 벌기 위해서라기보다는, 자신의 가치를 찾고 보람을 느끼고 싶어서였다. 그런데 이렇게 좋은 어린이 전집을 홍보하는 일이라니 그런 지적인 여성들에게 딱 맞는 일이었다.

그렇게 입사한 여성 사원들은 퇴근 시간이 되어도 집에 가질 않고 전화를 돌렸다. 본인들이 그 누구보다 열렬

한 팬이 돼서 진심을 갖고 『어린이마을』을 알려주었다. 그 홍보에 이끌려 『어린이마을』을 샀다가 본인이 다시 판매 사원이 되는 경우도 있었다. 이분들의 힘으로 『어린이마을』은 차차 알려지기 시작했다. 이런 홍보가 어느 임계점을 돌파하자 모두가 이 전집의 뛰어남을 알아봐주기 시작했다.

첫 출간으로부터 15년 후 절판될 때까지 총 25판 인쇄, 700만 부 판매, 450억 원 매출을 일으킨 『어린이마을』 신화는 이렇게 만들어졌다. 지금은 장년층이 된 당시 어린이 독자들은 여전히 이 전집을 잊지 못하고 고가로 중고품을 사들이기도 한다. 나는 이 일을 계기로 여성 직원들의 잠재력에 눈을 뜨게 되고, 이후 웅진은 여성 직원들의 역량을 십분 활용하며 가장 여성 친화적인 기업으로 거듭나게 된다. 나중에 웅진코웨이가 정수기 시장을 독점하게 되는 씨앗도 이때 뿌려졌다고 할 수 있다. '여성의 힘', '사람의 힘'을 보여준 놀라운 사건이었다.

세일즈맨 윤석금을
넘어서기 위한 고통

브리태니커 사 입사 후 10년 만에 회사를 만들고 수많은 히트작을 내면서 회사가 기하급수적으로 성장했다. 당시에는 연이은 성공들을 만들어내느라 애썼고 정신없이 일만 했지만, 지금 생각해보면 나는 차근차근 계단을 밟아 오르고 있었다.

맨 처음 브리태니커 사에서 내가 만난 건 바로 '나'였다. 내가 제대로 일을 할 수 있는 사람인가, 내가 세일즈에 적합한 사람인가, 내가 다른 사람들을 거느리고 일할 수 있는 사람인가 등을 테스트하는 기간이었다고 할 수 있다. 나는 다행히 이런 테스트들에서 모두 상당한 결과를 냈고, 그러면서 자연인 윤석금이 아닌, 세일즈맨 윤석금의 정체성이 만들어졌다. 세상 그 누구보다도 세일즈를 잘할 수 있다는, 스스로에 대한 강한 믿음이 이때 생겼다.

그렇게 8년, 세일즈로는 당시 대한민국을 넘어 세계적 수준에 이르렀다고 자부하며 브리태니커 판매상무가 되니, 혼자만의 능력으로는 어떤 끝까지 가봤다는 느낌이 들었다. 그래서 나는 세일즈맨 윤석금을 넘어서기 위해, 다시 나를 넘어서기 위해 회사를 세울 결심을 했다.

그러면 창업 후에 내가 만난 것은 무엇일까? 그것은 바로 '제품'이다. 내가 가장 잘 팔았지만 정작 내가 만들어 보지는 않았던 그것 말이다. 세일즈 자체에 집중했던 초창기에는, 『브리태니커』라는 세계 1등 상품이 있었기에 제품에는 신경을 쓸 필요가 없었다. 브리태니커는 이미 세계적인 브랜드였고, 나는 그것을 한국 소비자에게 잘 연결하는 방법을 궁리하면 그만이었다. 물론 그것도 엄청난 일이었지만, 제품의 기획부터 판매까지 이르는 사업의 전 과정 중 후반부만을 담당하는 것이었다.

그러던 내가 회사를 만들어 맞닥뜨린 것은 바로 그 전반부였다. 애초에 아무것도 없는 것에서부터 시작하는 것, 사람들이 아직 명확히 알지는 못하지만 마음 깊이 원하고 있는 어떤 것. 바로 그 욕망을 미리 알아채고 그에 맞는 제품을 만들어내는 것. 그것이 내가 회사를 차리면서 해결해야 했던 문제다. 그리고 그건 세일즈맨 윤석금을 넘어선, 사업가 윤석금의 과제이기도 했다. 이제 나는 세일즈를 넘어, 고객 자신도 모르는 고객의 욕망 속으로 들어가야 했다. 이것은 그동안의 어려움과는 다른 차원의 도전이었다.

한 명의 사업가가 만들어지기까지

그런 점에서, 나는 내 인생의 가장 결정적인 순간 중 하나로 차 안에서 과외 금지 뉴스를 듣고 강의 테이프 교재를 떠올린 순간을 꼽고 싶다. 놀라운 아이디어로 대박을 친 상품을 만들었기 때문만은 아니다. 그런 일이야 다른 회사에서도 종종 있는 일이다. 나는 이 순간이야말로 세일즈에서 제품으로, 판매에서 생산으로 거슬러 올라가는 순간인 동시에, 고객의 욕망 속으로 더 깊이 들어간 순간이었다고 기억하고 싶다.

스티브 잡스는 생전에 "나는 시장조사 같은 건 하지 않는다. 고객들은 자기가 무얼 원하는지 모른다"라고 말했다고 한다. 그러고 나서 만들어낸 것이 바로 아이폰이다. 나는 세일즈를 하면서 고객의 욕망을 깊이 들여다보는 데 능했다. 돈은 많은데 지식 콤플렉스가 있는 사람에게는 자녀의 성적 얘기를 꺼냈고, 지적 수준은 높은데 금전적 부담이 되는 사람에게는 '가족 모두가 이걸로 공부한다고 생각해보라' 하며 가성비를 강조했다. 사람은 누구나 결핍된 부분이 있고 그 부분에 세일즈의 기회가 존재한다.

나는 그렇게 단련된 동물적인 감각으로 과외 금지 뉴스를 들었고, 뭔가 기회가 있을 것 같은 느낌을 강하게 받았다. 그러고는 강의 테이프라는 소재를 떠올렸고, 그다음 날 바로 문교부로 사람을 보냈다. 그리고 교재를 만들기 시작했을 땐 뭐든 최고의 품질로, 돈을 아끼지 않고 투자했다. 그렇게 만든 최고의 제품을 심야 마케팅이라는 역발상으로 베스트셀러로 만들었다.

그러니까 이런 거다. 세일즈 감각만 있어서는 이 긴 과정을 온전히 다 건너갈 수 없다. 제품에 대한 집착만 있어도 안 된다. 돈만 쓰고 시기를 놓쳤을 것이다. 또 세일즈와 제품 감각 둘 다 갖고 있더라도 실행력이 부족하면 안 된다. 『헤임고교학습』을 만들 당시에도 문교부 문의, 강사 선발, 촉박한 녹음 기일, 교재 디자인과 제작 문제 등 매일 골치 아픈 문제들이 터져 나왔다. 직원들과 여관방에서 밤을 새운 게 하루 이틀이 아니다. 그걸 다 겪어내면서 오로지 제품 출시 하나만 바라보고 견디는 정신력도 매우 중요하다. 한편으로 자금 회전 문제에도 신경 써야 했음은 물론이다.

사업이란 게, 사장의 일이란 게 이렇다. 동물적인 감각으로 기회를 잡되, 그걸 좋은 제품으로 실현해낼 수 있어야 하고, 그 제품을 사람들의 욕망과 만나게 할 세일즈 방법을 알아야 한다. 여기까지 되어야 비로소 한 사업가의 자기 증명이 완성된다. 나는 회사 창립 초기에 이런 혹독한 테스트와 맞닥뜨렸고, 이걸 성공적으로 해냄으로써 비로소 어엿한 사업가로 설 수 있었다.

내 인생의 2기, 사업가 윤석금이 걷기 시작했다.

6장
스토리로 팔아라

예전에 기업 강연을 하거나 일반인들을 상대로 강연을 하고 나면, 꼭 묻는 질문 중 하나가 "세일즈를 잘하려면 어떻게 해야 하나요?" 하는 것이었다. 내가 세일즈맨 출신으로 큰 기업의 회장이 됐으니 그런 질문들을 하는 것이다. 그럴 때마다 나는 "스토리를 담으십시오. 스토리를 담아야 사람들이 관심을 가집니다" 하고 말하곤 한다. 그러면서 아오모리 사과 이야기를 들려준다.

이야기를 좋아하는 건
인간의 본능

1991년 일본 아오모리현에 큰 태풍이 들이닥쳤다. 과수원도 태풍을 피할 수 없어 사과나무에서 90퍼센트가량의 사과가 떨어졌다. 큰 손해를 보게 된 과수원 주인들은 하는 수 없이 떨어진 사과라도 거두려고 모두 나와 사과를 줍고 있었다. 그런데 그중 한 청년 농부가 나무를 보니 아직도 떨어지지 않은 사과들이 조금 있었다. 그는 이 '떨어지지 않은' 사과에서 영감을 얻었다.

'떨어지지 않았다는 건 합격했다는 말과 같잖아. 이제 곧 고3 학생들의 대입 시험이 있는 때니까, 이 사과들을 시험과 연관 지어 팔면 어떨까?'

이 청년은 혹시나 하는 마음에 이 사과들을 수확해서 '합격사과'라고 이름 붙여 팔아봤다. 그러자 이 사과들이 불티나게 팔리기 시작했다. 심지어 이 사실을 각종 매스컴에서 취재해 가서 나중에는 원래 가격의 10배가 넘는 가격에 판매되었다. 사과 농가의 수입이 이전보다 오히려

올랐음은 물론이고, 아오모리현 자체가 일본 사과의 대명사가 됐다.

우리나라에서도 예로부터 벼락 맞은 대추나무를 벽조목霹棗木이라고 부르며 최고급 도장 재료로 쓰곤 했는데, 이것도 비슷한 스토리텔링 마케팅이라고 할 수 있겠다.

나는 지금도 이런 스토리텔링을 종종 써먹는다. 한번은 탈모 방지 샴푸를 써보니 너무 만족스럽기에, "제가 요즘 ○○샴푸를 쓰는데, 이거 쓴 뒤로는 머리 감고 나서 빠진 머리카락을 보질 못했습니다" 하고 말한 적이 있다. 그랬더니 몇몇 사람들이 나중에 그 샴푸의 이름을 다시 물어왔다. 우리 계열사에서 나온 칫솔이 아주 좋기에, "이 칫솔 한번 써보십시오. 이걸 쓰고 나면 다른 칫솔은 다 버리게 됩니다" 하고 말했더니 모두 그 칫솔을 더 달라고 한 적도 있다. 아마 그 샴푸나 칫솔의 성분 같은 걸 얘기해줬더라면 바로 잊어버렸을 것이다. 어쩌면 사용한 후의 느낌까지 달랐을지 모른다.

사람들은 왜 이렇게 이야기를 좋아하는가? 나도 정확

한 이유는 모르겠지만, 사람들이 유난히 이야기를 좋아한다는 것은 세일즈를 시작한 초창기부터 알 수 있었다. 똑같은 내용이라도 사람을 등장시켜 이야기 형태로 만들어 들려주었을 때에 가장 집중도가 높았다. 『헤임고교학습』 테이프를 세일즈할 때에도, "아무리 친절한 선생님도 열 번 반복해서 가르쳐줄 수는 없습니다"라는 카피를 사용했다. 『메슬』을 판매할 때에도 "동양인 학생들을 수십 년 가르친 학원 선생님들이 만들었습니다"를 핵심 카피로 썼다. 구구한 설명 대신 선생님이라는 생생한 인물을 중심으로 의미를 전달한 것이다. 사람들은 다른 사람의 이야기에 유난히 관심을 가진다.

왜 우리는 유익한 정보가 가득한 과학책보다 허구의 소설이나 드라마, 영화를 좋아하는가? 사람 이야기이기 때문이다. 왜 테슬라는 실제 매출에 비해 그렇게 주가가 높은가? 일론 머스크 때문이다. 복잡하게 설명하려 하지 말고 주인공을 찾아내라. 그리고 그 주인공의 행위로 제품을 설명해보라. 다음은 그렇게 하여 정리한 나의 스토리텔링 비법이다.

스토리텔링 10계명

1. 첫마디에 호기심을 끌어야 한다
2. 진실해야 한다
3. 쉬워야 한다
4. 감동이 있어야 한다
5. 제품을 가장 잘 아는 사람이 만들어야 한다
6. 소재가 풍부해야 좋은 스토리가 나온다
7. 좋은 스토리텔링은 외워야 한다
8. 자기 스타일에 맞춰 편집해야 한다
9. 반복 연습해서 자기 것으로 만들어야 한다
10. 스토리텔링은 롤플레잉으로 완성된다

내가 늘 스토리텔링의 중요성을 강조하자, 최근 본부장 한 명이 "회장님, 최근 심리학자들의 연구에 의하면, 사람들이 언어를 발달시키게 된 원인이 '남 이야기', 즉 뒷담화를 하기 위해서라고 합니다. 그만큼 이야기라는 게 인간의 원초적인 본능인가 봅니다"라고 말한 적이 있다. 내가 직감적으로 알고 있던 것이 실제 학계에서도 입증되고 있다니 반가운 일이다.

깐깐하게, 룰루하게
: 업계 판도를 바꾼 광고 이야기

내가 늘 스토리텔링을 강조했던 건 결정적인 카피 하나 덕분에 대박을 친 경험이 많기 때문이다. 그래서 제품을 잘 만드는 것 못지않게 광고를 잘 만드는 것이 아주 중요하다.

웅진 역시 대박 광고의 신화를 썼던 적이 여러 번 있었다. 특히 기억에 남는 건, 단지 하나의 상품을 히트시킨 정도가 아니라 아예 상품의 장르 자체를 만들어낸 광고들이다.

1994년 배우 이순재 씨가 등장했던 웅진코웨이 정수기 광고가 대표적인 사례다. 당시 이순재 씨는 막 종영된 국민 드라마 〈사랑이 뭐길래〉를 통해 국민 아버지로 등극해 있었다. 극 중 대발이 아빠로 등장했던 이순재 씨는, 겉으로는 아주 엄격한 가부장적인 아버지이지만 사실은 속정 깊은 캐릭터였다. 이 드라마가 평균 시청률 60퍼센트에 이를 정도로 최고의 인기를 구가했기에, 우리가 정수기 광고에 섭외했을 때에는 그보다 더 유명한 인물은 거의 없다시피 했다. 웅진코웨이 광고는 바로 이 점에 착안해서 이순재 씨의 캐릭터를 그대로 가져와 우리 정수기의 높은 품질과 매칭시켰다. 광고는 웅진코웨이 환경기술연구소에서 45가지 수질 테스트를 하는 장면을 보여주면서 정수기라는 것이 얼마나 엄격한 공정을 거쳐 만들어지는지 생생하게 드러냈다. 그리고 마지막, "깐깐한 고집이 좋은 물을 만듭니다"라는 이순재 씨의 대사는 전 국민의 마음속에 정수기에 대한 믿음을 만들어냈다.

웅진이 정수기 시장에 뛰어든 1990년대 초만 해도, 300여 업체가 250여 가지 정수기를 판매하고 있을 정도로 정수기 시장은 혼란스러운 상황이었다. 특히 업소용이 아닌 가정용 정수기는 아직 널리 보급되지 않은 시점이었고, 많은 주부들이 정수기를 낯설어해서 수돗물을 끓여 먹거나 생수를 사 먹던 시절이었다. 웅진은 이 광고를 통해서 정수기에 대한 대중의 인식을 바꾸고, 그해 시장점유율 60퍼센트라는 압도적인 1위를 이루게 된다. '깐깐한 물'이라는 광고 콘셉트 덕분이었다.

이후 2002년에도 비데라는 낯선 물건을 대중에게 인식시키기 위해 룰루비데 광고를 만들었다. 시트콤 〈세 친구〉를 통해 밝고 코믹한 이미지를 구축했던 윤다훈 씨를 기용해, 경쾌한 음악에 맞춰 물줄기 위에서 코믹 연기를 하도록 함으로써 비데라는 제품을 친근하게 포지셔닝했다. 만약 이때 비데라는 제품을 자세히 보여주면서 일일이 설명했다면 그다지 호감을 주기 어려웠을 것이며 식사 시간에는 불편함까지 초래했을 것이다. 룰루라는 밝은 느낌의 이름에 배우의 코믹함까지 더해졌기에 비데 본연의 선입견을 부술 수 있었다. 이 광고 역시 단지 우리 회사 제품만이 아니라, 업계 전체에 새로운 상품군을 추가한 큰 효과가 있었다.

역발상 마케팅 1
: 〈웅진아이큐〉

스토리텔링 마케팅이나 새로운 콘셉트의 광고는 모두 제품을 만든 후에 하는 홍보의 일환이다. 그런데 거기서 더 나아가, 어떻게 팔 것인가를 먼저 생각하고, 거기에 맞는 제품을 나중에 만들어서 팔게 되는 때가 있다. 통상의 제품 개발과 세일즈의 순서가 뒤집어지는 경우다. 세일즈 역량이 두드러졌던 나는 이런 예외적인 경우에 특히 강했고, 이때 역발상을 통해 오히려 회사를 크게 키웠다. 그 얘기를 해볼까 한다.

앞서 말했던 『메슬』, 『헤임고교학습』, 『어린이마을』 등 히트작이 연달아 터진 후 몇 년 지난 1986년, 회사 자금 사정이 안 좋아졌다. 히트작이 계속 나왔는데 웬 위기인가 싶을 수도 있지만, 그건 할부 판매라는 방식 때문이었다. 우리가 판매했던 제품들은 모두 고품질의 대형 전집이었기에 일반 가정에서는 일시불로 구입하기 힘든 것들이었다. 그래서 통상 할부 판매로 계약을 하는데, 그러면 회사에는 판매 대금이 한 번에 들어오는 게 아니라 매달 분납해서 들어오게 된다. 반면에 책은 계약 즉시 고객에게 보내야 하니 일시에 큰돈이 들고, 게다가 판매인들에게도 계약 즉시 수당을 줘야 하는 등, 이른바 '앞에서 벌고 뒤로 밑지는' 상황이 발생할 수밖에 없다. 물론 이건 수입과 지출의 일시적인 미스 매칭이므로 자금 사정이 넉넉한 회사라면 상관이 없다. 하지만 당시 웅진은 출판사를 차린 지 얼마 되지 않아 자금 사정이 빠듯했다. 은행 문이 닳도록 다니며 돈을 구했지만 여의치 않았다.

장사가 잘되는데도 돈은 없어 고심하던 어느 날, 나는

문득 신문 가판대에 가득 꽂힌 잡지들을 보게 되었다.

'맞다! 잡지는 1년 치 구독료를 먼저 치른 후 책은 나중에 받아 보는구나. 우리랑 반대야! 우리도 이런 식으로 선불금을 받는 걸 만들면 되지 않을까?'

나는 즉시 회사로 돌아와 편집부를 불렀다. 그리고 우리도 돈을 선금으로 받고 나중에 달마다 책을 보내주는 학습지를 만들어보자고 했다. 그러자 편집부에서는 이런저런 걱정들이 쏟아져 나왔다. 무엇보다 시장에는 이미 내로라하는 학습지들이 있었고, 우리는 그 분야에선 문외한이었다.

"아니, 우리가 이제까지 후발 주자 아니었던 게 있습니까? 뭐 우리가 경험을 갖고 만든 적이 있어요? 이제까지 다 맨땅에 헤딩하면서 만든 것 아닙니까? 그래도 모두 1등으로 만들어냈잖아요. 자, 다시 한번 해봅시다! 최고로만 만들어주세요."

후발 주자의 필살기는 다시 품질밖에 없었다. 나는 압도적인 품질의 학습지를 요청했다. 내용은 물론이고, 딱 보기만 해도 다른 학습지를 압도할 수 있는 비주얼이 필요했다. 그래서 당시로서는 드물게 올 컬러 디자인을 시도했다. 종이든 뭐든 아껴 쓰던 당시에, 아이들이 문제를 풀고 나면 버릴 학습지에 올 컬러 인쇄는 말도 안 되는 일이었다. 하지만 밀어붙였다. 아이들이라고 왜 칙칙한 갱지에 흑백 인쇄된 문제집만 써야 하는가. 나는 종이도, 일러스트도 최고급으로 주문했다. 당시 경쟁 학습지들이 페이지당 5천 원, 1만 원 정도를 들일 때, 우리는 3만 원, 심지어 15만 원까지 돈을 들였다. 다른 학습지보다 월등히 큰 판형에 누가 봐도 두껍고 고급스러운 종이, 게다가 화려한 컬러와 미려한 그림들이 있는 명품 학습지, 〈웅진아이큐〉가 이렇게 탄생했다.

결과는 어떻게 되었을까. 당시 〈웅진아이큐〉의 1년 구독료는 5만 4000원, 지금 돈으로 환산하면 20만 원 정도다. 일반 가정에는 부담스러운 금액이었지만, 선금을 내고라도 받아보겠다는 학부모들이 줄을 섰다. 반년도 안 돼 20만 구독자를 확보했고, 1년 만에 42만 명이 정기 구독 회원이 됐다. 그야말로 초대박이었다. 회사는 요즘 돈으로 60억 원 가까운 자금을 확보할 수 있었다. 숨통이 트이는 순간이었다.

역발상 마케팅 2
: 렌털 정수기

사람들이 나를 떠올릴 때 가장 먼저 생각나는 것이라면 아마 렌털 정수기 사례일 것이다. 이것 역시 파는 걸 먼저 생각하고 주는 건 나중에 만든 사례다.

   앞서 말한 1994년 이순재 씨 광고 영상 이후로 웅진코웨이는 순항 중이었다. 그러나 3년 후 IMF 구제금융 사태가 터지자 전국이 얼어붙기 시작했다. 수십만 명씩 해고되고 전국에서 온갖 사건 사고가 터지는 와중에 고가의 정수기는 사치품에 가까웠다. 가파르게 성장하던 정수기 매출이 낙하산처럼 떨어지기 시작했다. 간부들에게 대표 직을 맡기면, 맡는 족족 사표를 냈다. 당시엔 대표이사가 회사 채무에 연대보증을 섰는데, 자칫하다간 자기 재산도 날아갈까 무서워서였다. 할 수 없이 내가 대표를 맡았다.

다시 대표를 맡고 나서 창고에 가 보니 한숨만 푹푹 나왔다. 천장까지 정수기 재고가 가득 쌓여 있었다. 다들 지갑 사정이 어려울 거라 생각해 무이자 할부 이벤트도 벌여봤지만, 그 할부금도 제대로 수금되지 않아 연체가 늘어났다. 그야말로 사면초가의 상황이었다.

몇 번인가 창고에 가서 정수기를 물끄러미 바라보던 중이었다. 퍼뜩 이런 생각이 들었다.

'저거 이젠 팔지도 못하는데 그냥 다 빌려줘 버릴까? 그러면 창고비라도 아낄 수 있잖아.'

내가 생각하고도 왠지 일리가 있다 싶어 생각을 거듭했다. 다들 목돈이 없을 뿐이지 이미 물맛엔 길이 들어 있었다. 수돗물을 그대로 먹는 집은 거의 없었다. 아무리 집안 사정이 어려워도 어차피 생수는 사다 먹을 수밖에 없었다. 그럼 그 생수를 대체하면 될 것이 아닌가? 정수기를 사는 건 부담스러워하니, 빌려준다면 그건 좋아하지 않을까?

이것 역시 이전엔 없던 일이니 별달리 참고할 사례도 없었다. 시장조사를 할 형편도 아니었다. 나는 직원들과 주변 사람들을 탐문했다.

"박 부장, 만약 우리 정수기를 사람들에게 빌려준다고 치면, 한 달에 얼마 정도 내려고 할까요?"

"아 글쎄요······."

"2만 7000원 정도면 될까?"

"아, 그 정도라면 다들 낼 것 같습니다."

2만 7000원은 뭔가 과학적인 조사로 나온 게 아니다. 4인 가족 기준 생수 가격이 그 정도라서 얘기한 것인데, 다들 그 정도 가격이면 좋다고 했다. 나는 간부들을 불러 모아 내 아이디어를 얘기했다. 또 반대가 터져 나왔다.

"말도 안 됩니다. 정수기가 한 대에 110만 원인데, 한 달에 2만 7000원씩 받아봤자 1년이면 32만 4000원 아닙니까? 이러면 손해입니다."

"판매가 아니라 렌털이라고 하시면, 그게 고객 집에 있을 뿐이지 우리 회사 자산이라는 건데, 그러면 그걸 계속 우리가 관리해야 하는 책임도 생깁니다."

"우리가 그걸 관리하려면 사람도 또 써야 할 텐데, 그 인건비까지 계산하면 배보다 배꼽이 더 클 겁니다."

"때마다 필터 갈아주고, 고장 나면 고쳐주고, 그러면서 마진이 남을까요?"

다들 일리 있는 말이었다. 그렇지만 그 말들 중 어떤 것도 창고에 쌓여 있는 저 재고들을 해결할 수는 없었다. 나는 튀어나와 있는 저 못을 먼저 때려 박아야 했다. 나는 의견들은 잘 청취하되, 2만 7000원 렌털이라는 기조에선 물러서지 않았다. 이제는 모두 이 조건을 만족시킬 방법을 찾으라고 지시했다.

그날부터 연구원들을 붙들고 매일매일 힘든 회의를 이어나갔다. 연구원들도 머리를 쥐어 싸매고 원가를 줄일 구석을 찾으려 했지만, 아무리 해도 110만 원짜리 정수기를 월 2만 7000원에 맞출 묘안이 나오질 않았다. 적어도 제조 원가의 절반은 떨어뜨려야 했지만 모두 단 자리 절감 정도의 아이디어였다. 그러다 어느 날 연구원 한 명이 저녁을 먹다 이런 말을 했다.

"아예 처음 설계부터 다시 하면 몰라도 지금처럼 생산하면서 원가를 반으로 떨어뜨리는 건 불가능합니다."

"설계부터……라고? 그 생각을 왜 못 했지?"

그 연구원은 동료들로부터 욕을 꽤 먹었을 것이다. 그날부터 연구팀은 렌털 정수기 재설계에 돌입했다. 쓸데없이 화려한 디자인을 버리고 모던하고 저렴한 디자인으로 바꿨다. 멤브레인을 개선해 저수압 모터도 버렸다. 오로지 '깐깐한 물' 하나에만 집중하니 길이 보였다. 알렉산드로스 대왕이 얽히고설킨 고르디우스의 매듭을 푸는 대신 단칼에 끊어버렸듯이, 때로는 이전의 문제를 갖고 끙끙거릴 게 아니라 바닥에 내동댕이쳐야 된다는 걸 이때 경험했다.

결과는 모두가 아는 대로다. 웅진코웨이가 팔았던 정수기의 절반에 가까운 수량을 이해에 다 팔았다. 1년 반만에 20만 대를 팔았으니 그야말로 초대박을 쳤다. 오히려 이전처럼 판매하는 방식을 썼더라면 십수 년이 걸렸을 것을, 이 렌털 방식 덕분에 단 몇 년 만에 수십만 가구가 정수기를 사용하기 시작했다. 그리고 모두 알다시피, 정수기는 한번 사용하기 시작하면 다시는 이전으로 돌아가기 힘들다. 정수기가 필수 가전이 되는 순간이었다.

물건을 사서 아주 갖는 대신 매달 사용료만 내고 빌려 쓴다는 렌털 모델은 이제는 널리 퍼져서 새로울 것이 없다. 이젠 자동차도 렌트해서 타고 편의점 도시락까지 구독하는 시대가 됐다. 당시 웅진코웨이도 정수기 렌털 성과에 힘입어 곧바로 비데, 공기청정기, 연수기 등으로 렌털 서비스를 확대해나갔다. 웅진이 시작한 렌털은 그냥 제품만 빌려주는 것이 아니라 이 제품을 관리하는 인적 서비스도 같이 제공했다는 점에서 아주 새로운 것이었다. '코디'로 상징되는 인적 서비스를 동시 제공하는 웅진만의 렌털 제도는 나중에 하버드대 비즈니스스쿨에서 사례 연구 대상이 되기도 했다. 관리 부담 때문에 이익이 나질 않는다던 직원의 걱정과는 정반대로, 결정적인 성공 사례가 됐다. 최근 모든 부문에서 렌털이 일상화되고 있다는 신문 기사를 볼 때마다 나는 흐뭇한 미소를 짓게 된다.

정반대의 사례 뒤에 숨은
진짜 성공의 원인

사람들은 〈웅진아이큐〉와 렌털 정수기 사례를 두고 역발상의 쾌거라고 하지만, 그보다 더 중요한 것이 있다. 이 두 사례는 어떤 면에서 정반대의 사례다. 〈웅진아이큐〉는 돈을 먼저 받고 물건을 나중에 줘서 성공한 사례다. 렌털 정수기는 반대다. 물건을 먼저 주고 돈을 나중에 받아서 성공한 사례다. 그러니 모든 상황에 다 맞는 비즈니스 모델 같은 건 없다. 그때그때의 상황에 맞춰 우리가 잘 변했기에 성공한 것이다. 이 두 사례를 관통하는 것은 역발상이 아니라 '소비자의 마음'이다. 소비자가 원하는 것을 주면 살고, 못 주면 죽는다. 그게 사업이다. 이 두 사례 모두 소비자의 마음을 먼저 읽고, 그에 맞춰 우리를 '바꿨다'. 그래서 살았다. 이게 혁신의 요체고, 마케팅의 전부다.

그런데 앞서 봤다시피 이런 혁신을 시도하면 모두 내부의 반발에 부딪힌다. "아이들 학습지에 올 컬러가 웬 말입니까." 어떤 면에선 타당한 지적이다. 우리보다 앞섰던 경쟁사들 입장에선 그랬을 것이다. 어차피 매달 몇십만 부씩 팔리는데, 종이에서 여백을 조금 줄이면, 인쇄를 흑백으로 하면, 용지를 조금 더 싼 걸로 쓰면, 얼마씩 확실하게 이익이 늘었을 것이다. 그래서 그런 계산들이 더해져서 갱지에 흑백으로 인쇄된, 그냥 보기만 해도 공부하고 싶은 마음이 싹 달아나는 학습지들만 남았을 것이다. 그래서 우리가 산 것이다. 업계 선두들이 그렇게 이른바 경영 합리화를 하고 원가 절감을 하느라 소비자의 마음에서 멀어진 덕분에 우리가 이길 구멍이 생긴 것이다. 그래서 그들은 망한 것이고.

렌털 정수기도 마찬가지다. 회장인 내가 2만 7000원을 고집하고 물러서지 않았기에 그런 파격적인 재설계가 나올 수 있었다. 만약 '합리적으로' 논의했더라면 그냥 20만 원 정도 싼 정수기를 만든 후 조금 영업을 해보다가, "역시 안되는군. 렌털은 우리나라에선 아직 시기상조야" 따위의 말을 하고 철수했을 것이다.

그러니 원가 절감이든 경영 합리화든 그 바탕엔 주인

의식, 요즘 말로 오너십ownership이 있어야 한다. 진짜 절박함, 어떻게든 해내고야 만다는 절실함이 없이는 그저 그럴듯한 얘기만 나누다가, 온통 안 된다는 부서들의 반대를 못 이기고 그저 그런 걸 만들게 된다. 그런 기업들이 모두 어떻게 됐는지 우리는 안다.

    그럼 언제 원가를 절감해야 하고 언제 돈을 더 써야 하는가? 어느 곳에서 지독하게 굴어야 하고 어느 곳에서 배짱 있게 저질러야 하는가? 나도 모른다. 당신도 아직 모르겠거든 그냥 그곳으로 가라. 고객의 마음이 있는 곳으로. 거기에 답이 있다.

7장

사람의 힘을 믿어라

렌털 정수기가 렌털이라는 역발상과 2만 7000원이라는 저렴한 가격 덕분에 성공했다고들 말하지만, 사실 그건 절반의 진실이다. 렌털 정수기는 코디가 아니었으면 성공할 수 없었다.

다시 입증된 우먼 파워, 코디

코디는 코웨이 레이디Coway Lady의 줄임말로, 대상 고객도 회사의 서비스 인력도 모두 주부라는 점에 착안해 만든 말이다. 이미 나는 웅진이 출판 사업을 하던 시절 『어린이마을』 세일즈를 위해 여성 판매사원을 고용해 여성들의 잠재력을 확인한 바 있었다. 여성들은 남성에 비해 정직하고 꼼꼼하고 성실하며, 무엇보다 친근한 장점이 있다. 마침 우리가 판매하던 정수기는 대단한 기계 수리 지식 같은 건 없어도 되는 제품이었다. 필터의 교체와 청소, 수질 검사 등 비교적 간단한 관리면 충분했고, 오히려 기계에 대한 지식보다는 고객의 이야기를 잘 듣고 친절하게 설명해주는 말 센스나 커뮤니케이션 능력이 더 중요한 포지션이었다. 그래서 나는 렌털 사업을 벌이면서 코디를 대대적으로 선발했다. IMF로 모두 어려운 시절이었기에 지원자가 많아 좋은 인재들을 많이 뽑을 수 있었다.

나는 이 사업 초기부터 코디의 역할이 아주 중요하다고 봤다. 내가 세일즈 전문가였기 때문이기도 하지만, 이건 렌털 사업이기 때문에 중간에 취소가 가능한 제품이라서 더 그랬다. 한번 판매하고 나면 고객에게 소유권이 이전되는 다른 제품과 달리, 렌털은 약정 기간이 있긴 하지만 기본적으로 언제고 취소할 수 있는 리스크가 있기에, 고객이 변심하지 않고 안심하고 쓸 수 있도록 계속 관리해주는 일이 꼭 필요했다. 그래서 나는 코디의 선발과 교육에 무척 공을 들였다.

일단 자기 차를 갖고 있는 사람만 코디에 지원할 수 있도록 했다. 정수기의 여러 부품을 싣고 다녀야 하기 때문에 차가 꼭 필요한데, 만약 1만 대 넘는 차를 회사에서 대여해주고 관리한다면 엄청난 비용과 인력이 들 것이기 때문이었다. 그리고 선발 후에는 상당한 기간 공들여 교육했다. 물과 정수기의 원리와 작동에 대한 지식은 물론이고, 인사하는 법, 표정 짓는 법, 대화하는 법, 심지어 손을 놓는 위치, 화장법까지 교육했다. 이걸 교육하기 위해 항공사에서 스튜어디스를 교육했던 분까지 스카우트했다. 또 그냥 강사가 말로 하는 교육에 그치지 않고, 교육생이 롤플레잉하는 모습을 비디오로 찍은 후 그걸 다시 보여주면서 바로잡았다. 사무실에서 전화 받는 법도 표준화하기 위해, 응대 내용뿐 아니라 목소리의 톤, 억양, 전화벨 소리가 울리는 횟수까지 체크하도록 했다. 그리고 이 모든 것들을 매뉴얼로 만들어 서비스를 표준화했다. 유명 디자이너에게 의뢰해 유니폼도 제작했다. 깨끗한 물을 상징하는 블루 컬러를 강조해 고객에게 신뢰를 줄 수 있도록 했다.

이 코디 선발과 교육 역시 우리나라 세일즈 역사에 한 획을 그었다. 이후 다른 경쟁사들도 우리 코디를 모방하기에 바빴으나 눈에 보이지 않는 노하우가 많이 필요한 부분이라서 쉽지 않았다. 돈을 많이 갖고 있는 대기업들도 이 시장에 쉽게 진입하지 못했던 이유다. 게다가 코디는 단지 렌털 해지를 막는 역할 정도에 그치지 않고, 다른 제품군과 다른 고객을 연결하는 브리지 역할을 했다. 이후 생활가전이 비데, 공기청정기, 연수기 등으로 늘어남에 따라, 정수기 외의 가전을 권유하고 추가 렌털하게 하는 데 큰 역할을 했다. 고객에게 진심으로 다가간 코디에게 감동한 주부들은 친한 지인들을 소개해주면서 홍보대사가 돼주기도 했다. 코로나 시기에도 가정을 방문할 수 있는 유일한 외부인으로서, 코디의 위상은 다시 한번 입증이 됐다.

이제 코디는 가정 방문 서비스의 상징이 됐다. 코디라는 단어는 대일밴드나 호치키스 같은 일반명사의 지위에 다가가고 있다. 우리가 어떤 항공사를 떠올리면 그 승무원을 떠올리듯 코디는 생활가전 방문 서비스의 대표 이미지가 됐다. 현재 코디에 필적할 수 있는 것은 야쿠르트 판매원(프레시 매니저) 정도가 유일할 것이다.

책상을 내리치는 매니저

내가 『어린이마을』 판매사원이나 코디 등 세일즈 사원들의 교육과 처우에 유난히 애정을 가졌던 것은, 나 스스로가 세일즈를 하면서 겪었던 일들 때문이다.

브리태니커 사에서 세일즈를 할 때, 내 매니저는 사람을 신명 나게 할 줄 아는 사람이었다. 내가 그날 영업을 마치고 두툼한 계약서 뭉치를 들고 사무실에 들어가면, 사무실의 책상을 두 손으로 쾅쾅 내리치면서, "윤석금! 윤석금! 역시 대단해!" 하며 큰 소리로 이름을 외쳐줬다. 그러면 다른 사람들도 환호하면서 박수를 쳐주었다. 그게 어찌나 기분이 좋던지, 나중에는 계약서를 들고 사무실 문을 빼꼼히 열어본 후 매니저가 없으면 계약서를 접수하지 않고 나오기도 했다. 나중에 매니저가 있을 때 접수하려고 말이다.

별것 아닌 것 같지만 이게 사람의 본능 중 아주 중요한 부분이다. 사람은 그 어떤 동물보다 사회적인 동물이다. 누군가가 나를 한 번 무시했다는 느낌이 들면 죽을 때까지 원한을 갖기도 하는 게 사람이고, 또 내가 어려울 때 나를 도와준 사람에 대해선 평생을 잊지 않고 고마움을 가져가는 게 사람이다. 나는 일찍부터 대면 세일즈를 했기에 사람이 다른 사람에게 가지는 감정이, 어쩌면 팔려는 제품 자체보다 더 중요하다는 걸 수도 없이 느꼈다. 내가 세일즈를 잘한 것은 이런 감정 캐치에 능했기 때문일 것이다. 그리고 나 또한 이처럼 사람을 깊이 신뢰함으로써 큰 덕을 본 적이 있다.

사람은 자기를 믿어주는 사람을 위해 최선을 다한다

맨 처음 회사를 차린 후 시작한 출판 사업은, 앞서 말했던 여러 일화들을 낳으면서 순항하기 시작했지만, 아무래도 시장 규모 자체에 한계가 있었다. 나는 더 원대한 꿈을 가지고 다른 사업들에도 진출하기 시작했다. 그렇게 시작한 것이 정수기 사업(웅진코웨이), 화장품 사업(코리아나), 식품 사업(웅진식품) 등이다.

이 중 1987년 설립된 웅진식품은 내가 출판업 외의 분야에서 크게 사업을 벌인 것으로는 첫 번째 사업이었다. 초반에는 인삼 제품을 주로 내놓았는데 실적이 영 좋지 못했다. 매해 120억 원씩 적자가 나는데 자칫하면 그룹 전체에도 영향을 줄 수 있었다. 그래서 인삼 위주 라인업에서 벗어나 새로운 제품을 모색했다.

당시 국내 음료 시장은 콜라, 사이다 등의 탄산 제품과 오렌지 주스 등의 과일 주스 위주로만 구성되어 있었다. 외국 상표를 붙였거나 해외 기술을 사용하는 제품이 90퍼센트가 넘었다. 나는 사람들이 머잖아 건강한 음료를 찾게 될 거라는 점에 주목하고, 기왕이면 우리 농산물을 이용한 음료를 만들면 좋겠다고 생각했다. 그렇게 출시한 것이 '가을대추'였다. 대추는 노인들이 대추차로 우려먹는 것이라는 선입견을 깬 승부수였다. 다행히 이 판단은 적중해서, 출시 초반에 꽤 인기를 끌었다. 그러나 대추 음료라는 것은 다른 회사에서 쉽게 베낄 수 있다는 게 문제였다. 곧 경쟁사들이 비슷한 대추 음료를 출시하면서, 판매망이나 브랜드에서 열세였던 웅진식품은 다시 실적 부진 상태에 처하게 됐다. 당시 회사에 가 보면 모두가 의기소침한 분위기였다. 회사 사정이 너무 좋지 않아 나는 실제로 회사를 매각할 생각까지 하고 있었다.

그런데 이때 서른일곱 살의 젊은 부장이 앞으로 나섰다.

"회장님, 포기하지 마십시오. 저는 아직 우리 회사가 희망이 있다고 생각합니다. 제게 맡겨주시면 꼭 살려내보겠습니다."

모두가 안된다고만 할 때 나서준 부장이 정말 고마웠

다. 하지만 너무 젊은 게 문제였다. 이 사람을 사장으로 앉히면 그보다 나이가 많은 간부들이 모두 사표를 낼 기세였다. 나는 고민 끝에 간부들을 진심으로 설득하고, 젊은 부장을 사장으로 발령 냈다. 어차피 더 손해 볼 것도 없었다.

그렇게 사장이 되어 신제품 연구에 몰두하던 그가 어느 날 회장실에 찾아왔다.
"회장님, 이번에 개발한 신제품입니다. 한번 드셔보십시오."
"이게 뭔가? 쌀뜨물 같은데?"
"네, 쌀로 만든 음료입니다."
"그럼 식혜 같은 건가?"
"아닙니다. 식혜 같은 발효 음료가 아니라, 완전히 새로운 음료입니다."
맛을 보니 고소하면서도 깔끔하고, 너무 달지도 않았다. 입이 개운해지는데, 계속 당기는 느낌이 좋았다. 이게 바로 웅진식품의 초대형 히트작 '아침햇살'이었다. 기존의 모든 음료 카테고리를 깨고 완전히 새로운, 그러나 우리 전통을 살린 독특한 음료였다. 너무나 독특한 음료였기에 경쟁사에서 똑같이 베낄 수도 없었다. '가을대추'로 시작된 웅진의 전통 음료 라인업을 새로운 차원으로 올려놓는 제품이었다. 사람들은 이 독특한 쌀 음료에 열광했고, 아침을 거르는 자녀들에게 부모들이 챙겨주기 시작했다. 온갖 입소문과 TV 광고에 힘입어 1년 만에 1000억 원 매출을 올렸다. 국내 음료로는 처음으로 10개월 만에 최단기 1억 병 돌파라는 신기록을 썼다.

 기적은 여기서 끝나지 않았다. 신임 사장은 이번엔 다시 초록색 음료를 들고 왔다. 사람들이 가수 조성모의 광고로 기억하는 '초록매실'이었다. 이 역시 기존엔 매실 음료가 없다는 점, 우리 과일 전통을 잇는다는 점에서 개발한 것이었다. 그런데 때마침 인기리에 방영 중이던 국민 드라마 〈허준〉에서 매실의 효능을 언급했고, 그때 시장엔 우리 음료밖에 없었다. 매출은 다시 2000억 원이 되었다. '아침햇살'이 10개월 만에 깬 1억 병 출시를, '초록매실'은 8개월 만에 달성했다. 1년 뒤 두 음료는 도합 10억 병이 팔렸다. 병이 부족해 공급을 하기 어려울 정도였다. 매각까지 생각했던 회사는 당당히 업계 3위가 되었다.

안 된다는 말에서
한 글자만 뺀다면

사람이란 참 묘한 존재다. 아주 잇속에 밝고 이기적인 것 같다가도, 어떤 경우에는 모든 것을 바쳐서라도 원하는 것을 이루려고 불속으로 뛰어든다. 그렇기에 경영에서도 다른 것들은 다 계산에 넣을 수 있지만, 이 사람이라는 요소만큼은 함부로 계산할 수 없다. 경영의 큰 실패도 성공도, 사람에게서 나올 때가 많다.

 이 웅진식품의 젊은 사장 역시 마찬가지였다. 다른 선배 임원들이 모두 손사래 치는 일에, 새파란 사람이 손을 들고 나섰다. 모두가 안될 이유를 줄줄이 읊을 때 이 사람은 한 가지라도 꼭 되는 이유를 만들기 위해 매일 밤을 새웠다. 그리고 그 뒤로도 '하늘보리'라는 공전의 히트작을 또 만들어내고, '자연은'이라는 음료 브랜드를 성공시킴으로써 오늘날의 웅진식품을 완성해냈다. 긍정 마인드가 어디까지 해낼 수 있는지를 보여준 산증인이라고 할 수 있다.

나는 웅진 식구들에게 늘 '신기문화'를 강조해왔다. 사람은 스스로 신명 나게 일할 때 가장 잘할 수 있다는 뜻이다. 물론 회사 일이 늘 신이 날 수는 없다. 특히 요즘은 같은 월급을 받으면서 일은 적게 하는 게 남는 장사라고 생각하는 문화까지 생기는 것 같다. 정말 안타까운 일이다. 본인의 노력 대비 월급으로 보면 언뜻 맞는 것 같겠지만, 사실은 틀린 계산이다. 사람의 가장 소중한 재산인 시간을 허비하는 일이기 때문이다.

사람은 누구나 잘하는 일을 한 가지쯤은 갖고 있다. 그리고 그 잘하는 일을 다른 사람들이 알아줄 때, 그 일이 좋은 결과를 낳을 때 말할 수 없는 기쁨을 느낀다. 그 두 가지를 동시에 느낄 수 있는 장소가 바로 사회다. 특히 회사에서는 같은 일을 하는 동료들이 내 일을 알아주고, 그 일이 잘되면 모두 같이 기뻐할 수 있는 바탕 위에 있다. 오래 고생해 준비한 일이 크게 잘돼서 동료와 상사로부터 인정받는 기쁨은 겪어본 사람만이 안다. 그리고 그 경험과 자신감은 고스란히 본인의 일부가 된다. 그래서 겉으로 보기엔 회사와 직원이 업무와 월급을 교환하는 관계인 것 같지만, 더 들여다보면 직장인은 동료로부터 자존감을, 경험으로부터 성장을 보너스로 받아 간다. 아니, 보너스가 아니라 그게 진짜 월급이다. 인생에서의 성취와 보람에 관한 경험이다. 내가 나이를 먹고도 사업에서 손을 떼지 않고 여전히 신사업을 구상하는 것도, 이 대체 불가능한 재미를 알기 때문인지도 모른다.

    그래서 나는 가급적 손을 들고 나서는 직원에게 일을 맡긴다. 그리고 무언가 성취를 하게 되면 진심을 담아 칭찬하려고 노력한다. 책상을 두드리며 내 이름을 불러주던 매니저를 떠올리면서 말이다. 성공도 습관이고 중독이다. 일하는 재미, 성공하는 재미를 알게 된 사람은 평생에 걸쳐 그 재미를 추구하면서 산다. 그리고 우리는 그런 사람들이 만들어놓은 유산 위에서 이전보다 나은 삶을 빚지는 것이다.

리더십이란 게 별게 아니다. 그렇게 진심으로 애쓰는 사람들을 알아주는 것, 실패했을 때 격려해주는 것, 재능에 맞는 곳에서 일할 수 있게 해주는 것, 동료들과 같이 기뻐하고 슬퍼할 수 있도록 만들어주는 것. 그게 리더십이다. 사람에게 있는 향상심을 믿는 것, 그게 리더십이다.

모두가 승자가 되는 인센티브의 마법

사람에게 누구나 있는 향상심을 믿고 알아주는 것, 이게 리더십의 근본이다. 그리고 하나 더 내가 강조하고 싶은 것은 사람마다 제각각인 욕망을 서로 맞추는 일이다. 이 욕심의 방향이 서로 엇나가면 아무리 의도가 선하고 노력을 많이 한다고 해도 결국은 모든 사업이 실패하게 된다. 세일즈 종사자라면, 혹은 리더라면 사람들의 이런 욕망을 나의 욕망과 통하도록 가지런히 맞출 줄 알아야 한다. 이번엔 이 인센티브incentive에 관해 얘기해보자.

웅진이 출판 사업을 하던 초기의 일이다. 그때 우리 제품은 거질의 전집들이었기에 차로 실어 날라야 했다. 당시엔 택배가 없어서 전문 배달원을 두었다. 그런데 책을 배달할 때마다 차를 운전하는 사람 하나, 배달원 하나, 이렇게 꼭 두 명씩 나가는 것이었다. 나는 그게 이상해서 직원에게 물어보았다.

"아니 배달을 꼭 둘이나 나가서 해야 하나요? 혼자서도 가능할 것 같은데."

"네, 한 사람이 배달하는 동안 한 사람은 차를 지켜야 하니까요. 잘못해서 도난당하거나 불법 주차 딱지라도 떼이면 안 되잖습니까."

나는 뭔가 찜찜하면서도 담당자가 그렇게까지 말하니 더 이상 묻지는 못하고 말았다. 그러다 명절이 돼서 고향에 내려갔다가 작은아버지께 재미있는 얘길 들었다. 작은아버지는 돌아가신 할머니 묘지의 축대를 다시 쌓는 작업을 지시하고 계셨다. 그런데 원체 큰 돌들을 산으로 나르는 일이다 보니 일이 만만치가 않았다. 일당을 받는 인부들도 이 핑계 저 핑계로 일을 열심히 하지 않았다. 그래서 작은아버지는 '이런 식으로는 보름이 돼도 일이 안 끝나겠구나' 하고 생각하셨다고 한다. 그래서 꾀를 내서, "내일부터는 일당이 아니라, 돌 한 개당 값을 쳐드리겠습니다" 하고 말씀하셨다고 한다. 그러자 느려터지던 인부들이 갑자기 나서서 서로 하나라도 더 많은 돌을 나르려고 열심히 일했다고 한다. 작업은 일주일 만에 끝났다.

나는 이 아이디어를 갖고 회사로 돌아왔다. 배달원 대신 용역업체를 찾았다. 그리고 '자기 차로 배달할 것, 건당 3000원'이라는 조건으로 계약을 했다. 어떻게 됐을까? 하루에 10건 배달하던 것이 50건으로 바뀌었다. 용역업체 배달원도 수입이 절반가량 늘었다. 회사가 큰돈을 절약했음은 물론이다.

웅진코웨이에서 코디를 선발할 때 '자차 운행 가능자'로 응시 자격을 제한한 것도 이 때문이다. 당시 코디는 만 단위의 인원까지 늘어났는데, 만약 회사에서 이 사람들에게 차를 제공했다면 거의 렌터카 업체 수준의 관리 인력과 비용이 필요했을 것이다. 또 사람들은 자기 것이 아니면 아끼질 않기 때문에, 회사 차라고 함부로 다루었을 것이다. 하지만 코디들은 자기 차를 갖고 영업을 했기 때문에, 아주 살뜰하게 차를 관리했고 결과적으로는 회사에서도 비용이 들지 않았다. 어디 아파트에 주차를 할 때엔 그곳 경비원에게 박카스도 사다 주면서 요령껏 비용을 아꼈다. 물론 회사는 그 대신 더 많은 영업 수수료를 코디에게 돌려줬다.

사실 내가 이런 인센티브에 대해 배운 것은 브리태니커 사에서였다. 당시 한국 기업들과는 달리, 브리태니커 사는 계약서 용지 한 장, 안내 책자 한 부, 국제전화 한 통까지도 모두 세일즈맨들에게 비용을 물렸다. 회사 물건을 팔기 위한 세일즈 용품인데도 그랬다. 처음에 입사했을 때엔 황당하기 그지없었다.

'아니, 이게 다 저희들 물건 팔아주려는 건데, 이걸 우리한테 돈을 받아?'

그런데 시간이 지나면서 보니, 이게 참 현명한 방법이었다. 만약 그런 방식이 아니었다면, 다른 한국 회사들처럼 안내 책자를 한 박스 집에 갖고 가서 쟁여두거나, 일없이 여기저기 함부로 전화를 돌리고 그랬을 것이다. 뭐든 회사에 청구하면 되니까 교통비고 식대고 마구 써댔을 것이다. 그러면 결국은 그만큼 회사의 이익이 줄었을 것이고, 사실은 직원 모두의 손해로 돌아왔을 것이다. 브리태니커 사는 이런 것들은 철저하게 통제하는 대신 다른 회사보다 더 많은 판매수수료로 세일즈맨들을 신나게 해주었다.

인센티브란 건 꼭 이런 식의 비용에만 관련되지 않는다. 아이들 학습지와 전집을 만드는 웅진씽크빅은 고성과자에게 대대적인 시상식을 하는 것으로 유명하다. 1년 동안 전국의 수많은 스마트올 교사, 북큐레이터 들이 치열하게 경쟁해서, 최고의 실적을 올린 개인과 팀에게는 성대한 시상을 해준다. 큰 호텔의 가장 큰 홀을 빌려서 유명 가수들과 함께 진행하는 웅진씽크빅만의 시상식은 방송

사들의 연말 시상식 못지않다. 수상자들 역시 화려한 드레스를 입고 티아라를 쓰고 벅찬 감사의 인사를 전한다. 이후엔 유럽으로, 동남아로, 세계 각지 관광지로의 포상 휴가 프로그램이 기다리고 있다.

물론 여기엔 큰 비용이 들어간다. 하지만 그 비용 이상으로, 일선 교사와 북큐레이터 들에게는 큰 자극이 된다. 이 판매인들은 웅진 본사에 걸려 있는 명예의 전당에 붙은 사진을 보며 내년에는 나도 꼭 저기에 들어가리라 의욕을 불태운다. 또 이분들이 가정에서도 육아나 교육을 병행해야 하는 주부들인 걸 생각하면 그 보람은 더 클 것이다. 녹록지 않은 상황에서도 최선을 다해 고군분투하는 이분들의 노력을 회사가 알아주지 않으면 누가 알아줄 것인가. 그리고 이렇게 회사가 노력에 화답하는 모습을 보면서 주니어 판매인들 역시 진심으로 업무에 뛰어들 마음이 생긴다.

누구도 손해 보지 않고 모두가 승자가 되는, 잘 설계된 인센티브는 사람의 진심을 이끌어낸다.

8장

실패 없는 인생은 시시하다

내가 공주 촌구석에서 올라와 무일푼으로 시작해, 여러 회사를 만들어 급속도로 성장하며 수많은 이야기를 낳자 언론들이 주목했다. 특히 큰 위기를 맞이할 때마다 오히려 역발상으로 더 크게 성장한 이야기들을 사람들은 좋아했다. 여러 언론은 세일즈맨의 신화라며 추켜세웠고 수많은 대학과 기업, 미디어에서 강연 요청이 쇄도했다.

그런데 당연하게도, 내가 손댔던 모든 사업에서 성공한 건 아니다. 사람들이 별로 좋아하질 않아서 회자되지 않았지만, 사실은 나도 여러 번 실패를 거듭했다. 특히 요즘 인공지능이 화제가 되고 학교에서도 디지털 교과서를 사용한다고 하니 떠오르는 장면이 하나 있다.

**너무 일찍 상상한
미래**

1990년대 초, 출판 사업으로 큰 성공을 거두자 내 눈에 들어오는 게 있었다. 가정용 컴퓨터가 막 보급되기 시작한 것이다. 당시로서 꽤 비싼 제품이었음에도 불구하고 학생들은 PC를 갖고 싶어 부모들을 졸랐고, 전국적으로 컴퓨터 교습 학원도 우후죽순 생기고 있었다. 나도 PC의 잠재력에 이끌렸다. 몇백, 몇천 권 분량의 정보도 순식간에 검색해내고, 영상과 소리로 멀티미디어를 구현할 수 있었다. 일방적으로 프로그램을 쏟아내는 TV와는 분명 다른 잠재력이 있었다.

그래서 편집자와 시스템 개발자 등 100여 명의 전문가를 모아 PC용 학습 콘텐츠를 개발하기 시작했다. 아주 큰 비용이 들어가는 프로젝트이다 보니 사전조사도 철저히 했다. 조사에 응한 학생들은 만약 이런 프로그램이 나온다면 그걸로 공부하고 싶다고 했다. 확신을 갖고 수개월을 개발했고, 출시 후에는 TV 광고도 했다. 당시 돈으로 무려 100억 원가량을 썼다.

그런데 결과는? 참패였다. PC 보급이 예상보다 더뎠던 탓이다. PC가 있어야 이 프로그램을 설치하고 그걸로 학습을 할 텐데, 우선 PC를 구입하는 가정이 획기적으로 늘어나질 않았다. 그리고 사전조사도 불충분했던 걸로 드러났다. 프로그램을 구입한 학생이라고 해도 한 시간도 안 돼 싫증을 느꼈다. 지금 같은 정도의 몰입감 있는 콘텐츠가 아니라, 그냥 정보만 잔뜩 욱여넣은 형태에 가까워서 학생의 흥미를 끌지 못했기 때문이다. 마지막으로는 지도교사의 문제도 있었다. 학생들에게 프로그램 사용법을 가르쳐줄 지도교사를 뽑아 교육시켰는데, 당시엔 PC에 익숙한 사람들이 거의 없으니 이런 기본적인 교육까지 죄다 시켜야 했다. 요즘처럼 IT에 대한 일반교양이 없던 시절이니, 회사에선 교육비만으로도 큰 비용을 치러야 했다. 이런 이유들이 합쳐져서 사업은 크게 실패하고 말았다.

그때 예상했던 것들은 그로부터 한참 후에야 꽃을 피우기 시작했다. 이제 곧 디지털 교과서가 시행되면 내가 그때 꿈꿨던 일들이 일상의 모습이 될 것이다. 아니 이미 인공지능을 사용해 리포트를 쓰는 대학생, 스마트폰 속 앱을 통해 영어를 배우는 직장인들이 있으니, 그 꿈은 일상이 되었다고 할 수 있다. 방향이 틀리진 않아도 타이밍을 못 맞추면 사업은 실패한다. 시대의 변화보다 약간만 앞서가는 것이야말로 사업가의 감각이다.

비슷한 시기에 또 다른 사업을 벌였다. 여성 속옷 사업이었다. 당시에도 여성 속옷은 전통적인 패션 사업이었고, 고부가가치 사업이라고 판단했다. 나는 늘 최고의 품질로 승부를 보는 고가격 전략으로 성공을 거두어왔기에, 여성 속옷 시장 역시 고급 시장을 공략해보려고 했다. 시제품을 만들어놓고 150명이 넘는 여성들에게 가격, 품질, 디자인 등의 항목을 꼼꼼하게 조사했다. 90퍼센트가 넘는 만족도가 나왔다. 우리는 이제 됐다 싶어서 시장에 제품을 내놨다.

그런데 이번에도 실패였다. 여러 문제가 있었겠지만 특히 제품 출시 전에 했던 소비자 만족도 조사가 문제였다. 알고 보니 조사 대상이었던 여성들이 직간접적으로 웅진과 관련이 있는 분들이었다. 그러니 신제품을 출시하려고 애쓰는 웅진 직원들 앞에서 안 좋은 의견을 내기가 어려웠던 것이다. 나중에 사업이 안 좋아진 후에야 "사실은……" 하면서 솔직한 의견을 내기도 했다.

앞서 말한 PC 교육 프로그램 때도 그렇고 여성 속옷 사업 때도 그렇고, 단지 항목만 채우거나 단순 인터뷰에 그치는 소비자 조사는 결코 맹신하면 안 되는 이유다. 자기 돈을 내지 않은 소비자는 솔직하지 않을 때가 많다.

그 밖에도 비슷한 실패들이 더 있었다. 야심 차게 시작한 주방 인테리어 사업도 그랬고, 밥솥 사업도 있었다. 분명히 시장조사를 충분히 하고 진입했다고 생각했는데, 원가를 낮추지 못해서 결국 손을 털고 말았다. 큰 틀에서 기회를 봤다고 생각해도 늘 의외의 곳에서 문제가 불거지는 게 사업이다.

평생 이룬 것을
한순간에 잃는다면

그래도 사람들이 나에 대해 가장 잘 기억하는 실패라면 역시 극동건설 인수와 태양광 사업 진출일 것이다. 나는 이 사업들의 실패로 재계 31위 8조대 그룹 오너에서 일순간 법정관리 회사의 죄지은 수장이 되고 말았다. 2조 원이 증발했고, 자식 같았던 알짜 기업들을 떠나보내야 했다. 2012년 대국민 성명을 읽어 내려가던 그때의 고통은 지금도 잊을 수 없다.

스물일곱에 회사에 입사하면서 꾸었던 꿈들, 그리고 기적 같았던 돌파의 순간들을 만들어내며 이룬 많은 것들을 이때 잃었다. 사업을 더 잘해보자고 벌인 일들이었지만, 사업가는 결과로서 말하는 것이니 구차하게 할 말은 없다.

지금도 간혹 사람들이 "그때는 심정이 어떠셨습니까?" 라고 묻거나, 나를 좀 더 오래 봐온 사람들 중엔 "보통 사람이었으면 크게 낙심해 경영을 그만둘 정도의 일이었는데, 회장님은 늘 흔들림 없이 밝은 모습이셔서 놀랐었습니다" 하고 말하는 경우가 있다. 겉으로는 그래 보였을 것이다. 속으로는 그렇지 않았다. 나도 그때는 정말 너무나 힘이 들었다. '하필 그때 건설업 불황만 없었더라면, 중국이 태양광 산업에 조금만 더 늦게 진출했더라면' 하면서 부질없는 후회도 했지만, 결국은 털고 다시 일어서는 수밖에 없다는 걸 깨달았다. 아내와 함께 산책을 하고, 좋은 것만 보고 듣고 생각하면서 다시 삶의 의지를 채웠다. 그러면서 과연 내게 남은 것이 무엇인지, 내가 이 세상에 태어나 얻은 것이 무엇인지 가만히 생각해봤다.

나의 가장
나중 지닌 것은

나는 본래 무일푼이었다. 가난한 9남매 집안에 태어나 먹고사는 것만 걱정하던 게 나의 시작이었다. 하지만 2012년 내 곁엔 나를 걱정해주는 수많은 사람과 웅진의 식구들이 있었다. 또 여전히 훌륭한 계열사들과 나의 일이 있었다.

또 내게는 명예가 있었다. 사업을 하다 큰 실패를 겪었지만, 다른 사람들에게 피해가 가지 않도록 내가 가진 것을 아낌없이 내놓았다. 추호도 내 욕심을 차린 것은 없었다. 배임 혐의로 철저한 검찰 조사가 끝난 후 담당 검사가 한마디 했다. "참 잘 사셨습니다." 깨끗하게 살려던 노력을 확인받는 느낌이었다.

또 내게는 보람이 있었다. 나는 사업가가 나라에 기여하는 길은 많은 사람을 고용해서 자립할 수 있게 돕는 것이라는 신념으로 살았다. 다른 기업들이 건물을 사고 땅을 살 때 나는 한 명이라도 더 많은 직원을 고용하려고 애썼다. 그간 웅진은 수십만 명의 직원, 특히 주부들을 고용했으니 나는 애국했다는 자부심이 있었다.

또 내게는 영화같이 드라마틱한 수많은 이야기들이 있었다. 절체절명의 순간에 이만기처럼 운명을 뒤집기했던 무협지 같은 스토리가 한가득 있었다. 나만큼 흥미진진한 이야기를 잔뜩 가진 사업가가 또 있을까. 나는 이야기를 만들어내기 위해 태어난 사람 같았다.

또 내게는 꺾이지 않는 무한한 긍정의 힘이 있었다. 어차피 한판 놀다 가는 인생에서 사건 사고가 없다면 무슨 재미가 있을 것이며, 고통 없는 성장이 무슨 의미가 있을 건가. 나는 두드릴수록 단련되는 승부사 기질을 타고나지 않았나. 보통은 꺾이고 말 일들도 내게는 흥미진진한 도전이 되었다. 나는 매번 운명이 던지는 변화구를 받아치는 재미로 살아왔다.

누구보다 진하게,
마지막 한 방울까지

나는 다시 큰 꿈을 꾼다.

지금도 매일 신사업을 구상하고, 해외로 다니며 투자자를 만나고, 매일 쏟아지는 트렌드를 배우며, 계열사 대표들과 미래 사업에 대해 이야기한다. 〈나의 신조〉에 나온 그대로, "늘 시작하는 사람으로 새롭게 일하고", "스무 살의 젊음을 유지하며", "어떤 일도 포기하지 않고 끝까지 성공시키려" 애쓴다.

2012년 위기는 이미 훌훌 털어버렸다. 2014년 초, 1년 4개월 만에 법정관리를 조기졸업했다. 언론에선 '신기록'이라고들 말했다. 나는 경영자가 한 번 실패하면 다시는 회복하지 못했던 한국 기업 경영사에 예외를 만들었다는 자부심이 있다.

웅진그룹은 재도약하고 있다.

웅진IT는 전사적 자원관리ERP 분야에서 매년 최고 실적을 갱신하고 있다. 최근엔 렌털 사업 솔루션 WRMS을 출시해 국내 최고의 렌털 기업들을 고객사로 유치했다. 정수기 사업을 통해 쌓은 렌털 업력은 이렇게 다시 새로운 모습으로 신사업이 되어 돌아왔다.

그룹의 출발점이 되었던 웅진씽크빅은 여전히 아동 학습지 업계 1위를 유지하면서 새로운 비전을 갖고 글로벌로 진출하고 있다. 2014년 학습지 분야에서 가장 먼저 디지털 전환을 이루었으며, 현재에도 경쟁사를 압도하는 인공지능 역량을 갖추고 있다. 이제 그동안 쌓은 디지털 학습 콘텐츠 역량을 바탕으로 세계로 나아가고 있다. AR피디아 등 종이책과 디지털이 유기적으로 결합한 독보적인 학습 형태가 글로벌 교육의 미래를 바꿀 것으로 기대하고 있다.

웅진북센은 출판 유통 분야의 압도적인 1위를 수성하고 있으며, 웅진컴퍼스 역시 영어 교육 분야의 강자로 군림하고 있다. 렉스필드 컨트리클럽은 럭셔리 골프 시장에서 최고의 브랜드로 오래전에 자리를 굳혔으며, 여기에 부모와 아이들의 여가를 책임지는 웅진플레이도시와 놀이의 발견 등이 문화생활을 다채롭게 해주고 있다. 또 비건 화장품을 기치로 내건 휴캄과 맞춤형 건강기능식품을 공략하는 웅진헬스원은 미래를 바라보며 큰 걸음을 내디뎠다. 웅진그룹은 IT와 교육, 문화생활과 건강까지 뻗어 나가며 토털 라이프 컬처 기업으로 완성되는 중이다.

그래서 나는 여전히 바쁘게, 청년기처럼 의욕적으로 일한다. 그 모습을 본 지인들 중엔 간혹 이렇게 말하는 분들이 있다.
"윤 회장, 아 그만큼 벌고 이뤘으면 이젠 좀 쉬어. 뭘 하려고 그렇게 힘들게 살아."
그러면 나는 그냥 허허 웃고 만다.

기왕 태어난 인생, 시시하게 살고 싶지 않다.
그 누구보다 찐하게, 마지막 한 방울까지 물감 삼아 내 인생 멋지게 한 폭 그려보고 싶다.
그게 내가 사는 법이고, 나는 그렇게 기억되고 싶다.
영원한 긍정의 사업가로 말이다.

늘 시작하는 사람으로 새롭게 일하고
스무 살의 젊음을 유지하며
어떤 일도 포기하지 않고 끝까지 성공시키려 애쓰며
나는 다시 큰 꿈을 꾼다.

부록 1

혁신과 경쟁력을 만들기 위한 10계명

혁신 10계명

1. 정보가 있어야 한다

2. 지식이 있어야 한다

3. 전문가의 도움을 받아라

4. 절실함과 의욕이 있어야 한다

5. 팀을 잘 만들어야 한다

6. 참여형 토론을 해야 한다

7. 고객과 현장을 자주 접해야 한다

8. 문제가 생겼을 때부터 새롭게 시작해야 한다

9. 도전 의식이 있어야 한다

10. 위험을 감수해야 한다

    40년이 넘는 동안 수많은 역발상과 도전으로 위기를 기회로 만들어온 나지만, 혁신Innovation은 여전히 어렵다. 시도하는 것도 어렵지만 좋은 결과로 이끌어내는 것은 더욱 어렵다. 하지만 그러지 않고서는 위기에서 벗어날 길이 없을 때가 많고, 또 혁신만이 기업과 개인을 크게 성장시킬 때가 많기 때문에, 여기저기서 모두 혁신을 부르짖는 것이 아닐까 한다.

  혁신이란 쉽게 말해 상황을 크게 바꾸는 것이다. 상황을 조금씩 낫게 만드는 것은 그저 개선일 뿐이다. 물론 끊임없는 개선도 중요하지만, 급변하는 현대에 기업이 소소한 개선만을 거듭하다간 어느새 위기에 봉착하게 된다. 우리는 경영사에서 그렇게 소리 없이 망해간 1등 기업들을 수없이 많이 봐왔다. 그들의 위기는 대부분 그 기업이 가장 좋은 실적을 내고 있을 때부터 시작됐다. 자만하는 마음, 이 정도면 됐지 하는 안도감이야말로 나에겐 악이고, 경쟁 기업에겐 기회가 된다.

그래서 혁신이란 현대 기업이 늘 궁리하고 실천해야 하는 활동일 수밖에 없다. 그런데 혁신이란 것 자체가, 그 말뜻이 그러하듯이, 고통스러운 일이다. 또한 지금 하고 있는 일들은 또한 과거 혁신의 결과이기에, 현재에 안주하지 않고 거듭 혁신을 해낸다는 건 사실 굉장히 힘든 일이다. 가급적 에너지를 적게 쓰고 싶어 하는 인간의 본성에 반대되는 일이기 때문이다. 그래서 이런 혁신을 꾸준히 해내도록 하는 당근과 채찍이 있는 팀이, 본부가, 회사가 미래를 가져가게 된다. 아니, 회사가 아니라 국가, 심지어는 인류 전체로 봐도 그렇다. 과거 공산주의 진영이 몰락한 데에는 여러 가지 이유가 있지만, 많은 사람들이 이 혁신의 부재를 꼽는다. 개인과 기업이 이 괴로운 혁신을 어떻게든 해내야 사회가 발전하는데, 과거 공산주의 진영에서는 이런 혁신에 대한 인센티브가 부족했다는 것이다. 일리가 있는 말이다.

혁신은 개인에게나 회사에나 괴롭고 힘든 일이지만, 그 덕분에 사회가 앞으로 나아간다. 나는 웅진코웨이를 만들어 정수기 렌털 사업을 성공시켰지만, 사회 전체를 위해 그리한 것은 아니다. 나는 다만 우리 회사를 살리기 위해 고통 끝에 그런 아이디어를 냈고, 그게 실현되도록 하기 위해 파격적인 원가 절감을 했다. 그리고 이른바 대박이 났다. 그러자 다른 기업들 모두가 렌털 사업이라는 것에 눈을 돌렸고, 렌털 시장이라는 것이 만들어졌다. 이제 그 결과는 모두가 아는 바다. 렌털 기업들은 안정적으로 돈을 벌어 좋고, 소비자들은 별다른 부담 없이 매달 사용료만 내면서 필요한 가전들을 이용하니 좋다. 크고 비싼 물건을 샀다가 처치 곤란해지면서 폐기되는 걸 생각하면 환경적으로도 좋을 것이다. 이처럼 개인과 기업의 혁신은 결국 널리 퍼져 사회 전체를 이롭게 한다. 그러니 대의적으로 봐도 기업은 늘 혁신을 도모해야 한다. 자전거가 그렇듯, 혁신을 멈춘 기업은 쓰러지게 마련이다. 남들도 어려운 이 혁신을 잘 해낼 때 우리에겐 또다시 기회가 온다.

그동안 여러 강연과 회의석상에서 혁신의 중요성을 강조해왔다. 그러면서 이걸 좀 쉽고 간명하게 전달할 수 없을까 생각하다가 다음과 같이 '혁신 10계명'으로 정리하게 되었다. 나는 현장에서 실제로 혁신을 거듭해왔으므로 거기에서 착안했을 뿐, 무슨 경영학 저서나 학자의 말에서 빌려온 것은 없다. 하지만 단순하고 굵직한 이 10계명이 최근 경영 사례와 일맥상통할 때가 많아, 스스로도 크게 틀리지는 않는다 자부하곤 한다.

다음에서는 각 계명에 따라 약간씩의 말을 덧붙여본다.

1. 정보가 있어야 한다
2. 지식이 있어야 한다
3. 전문가의 도움을 받아라

먼저 이 세 가지는 지식과 정보에 관한 것이다. 현대 기업의 사업과 경영은 무엇보다도 정보전이다. 회사원들이 근무 시간의 거의 대부분을 컴퓨터 앞에서 보내는 것에서 알 수 있듯이, 현대 기업 업무의 대부분이 정보 입수와 그에 따른 의사결정으로 이루어진다. 아무리 지방에서 큰 공장이 돌아가고 큰 창고가 있더라도, 가장 중요한 것은 정보다. 실제 전쟁도 그렇다. 최근 벌어진 이스라엘과 헤즈볼라 사이의 전쟁에서, 이스라엘은 압도적인 정보력으로 헤즈볼라 지도층을 거의 다 암살했다. 또 헤즈볼라 대원들이 사용하는 삐삐(무선호출기)에 미리 폭발물을 넣어서 폭파시킴으로써 전 세계를 놀라게 했다. 실제 전쟁과 다름없는 기업의 초경쟁 상황에서, 정보의 중요성은 더 말할 나위 없이 중요하다.

그리고 이런 정보뿐 아니라, 그것을 바탕으로 정확한

의사결정을 하기 위해선 평소의 지식 또한 중요하다. 나는 창립 초기부터 교육을 통한 직원들의 변화를 무척 많이 봐왔기에, 웅진그룹은 예전부터 교육을 아주 중요시해왔다. 직원들이 100시간 학습에 해당하는 100학점을 이수해야 했고, 최근에는 온라인 교육을 통해서 인공지능 등의 최신 트렌드를 배우도록 독려하고 있다.

그리고 여기에 더해 전문가 의견을 적시 적소에서 잘 활용하는 것도 중요하다. 사업을 하다 보면 단편적인 업계 정보나 본인의 지식을 넘어 수많은 정보와 의견이 필요해진다. 이때 다양한 분야와 수준의 전문가를 잘 활용하는 것이 무척 중요하다. 늘 편하게 의견을 구하고 다른 전문가를 소개받을 수 있는 전문가 몇몇을 정해, 가깝게 친분을 유지하고 관리하는 것은 신문사 기자만의 업무가 아니다. 가끔 이런 전문가 인맥 유지와 의견 청취에 들어가는 비용을 아까워하는 사람을 보는데, 그러면 큰 사업을 하기는 어렵다고 본다. 눈에 보이지 않는 정보, 지식, 의견이야말로 현대사회에서 가장 비싼 것이라고 생각해야 한다.

4. 절실함과 의욕이 있어야 한다
5. 팀을 잘 만들어야 한다
6. 참여형 토론을 해야 한다
7. 고객과 현장을 자주 접해야 한다

 이 네 가지는 조직과 고객에 관한 것이다. 특히 최근엔 작은 팀을 여러 개 만드는 추세이기 때문에, 내게도 팀장 리더십 등에 대해 의견을 구해오는 경우가 많다. 여러 경영학 서적 등에서 팀 빌딩에 대해서 좋은 조언을 많이 하지만, 내가 중요하게 생각하는 건 이 두 가지다. 얼마나 절실한가, 그리고 얼마나 궁합이 잘 맞는가.
 팀장들이 이런 고민을 물어올 때가 있다. "실력은 좋은데 팀 분위기를 해치는 팀원이 있고, 팀워크는 좋은데 실력은 평범한 팀원이 있습니다. 누굴 데리고 가야 할까요?" 그러면 나는 주저 없이 "팀 분위기를 해치는 팀원은 어떤 경우에도 길게 데려갈 수 없습니다"라고 말한다. 회사는 한 번만 일하고 헤어지는 공사판이 아니다. 앞으로 수없이 많은 일을 겪으며 목표를 위해 10년, 20년도 같이

갈 수 있는 것이 직장 동료다. 당장은 실력이 좀 부족해 보여도, 진정성이 있고 열정이 있으면 언제고 꼭 제 몫을 해낸다. 그런 성장을 같이 겪는 것도 회사 생활이 주는 큰 재미다. 그러니 팀을 만들 때에는 그 일에 누구보다 열정적인 사람 우선으로, 또 모두가 서로를 격려해줄 수 있는 사람들로 꾸려야 한다. 우선 이것이 되지 않으면 처음 잠깐 성과가 나더라도 길게 유지되지 못한다.

그리고 또 이런 팀을 만들어야 하는 두 번째 이유는, 팀 내 소통 때문이다. 최근에는 많이 나아졌지만, 예전에는 팀장이 고압적으로 굴면서 일방적으로 명령을 하달하고 팀원들은 그 명령을 수행하기만 하는 조직도 많았다. 팀장이 팀원들보다 압도적으로 능력이 뛰어나고 정보가 많은 경우라면 그럴 수도 있었다. 하지만 요즘 어디 그런가. 당장 분기마다 트렌드가 바뀌고, 각종 기술 표준이 1년 단위로 엎치락뒤치락하는 세상에서, 팀원 모두를 압도하는 팀장 같은 건 더 이상 없다. 그러니 팀원 각자가 저마다 세상을 바라본 바를 솔직하게 이야기하고, 팀장은 그중에서 좋은 것, 옳은 것을 잘 거둬들여 업무에 연결

시키는 일이 중요해졌다. 그러자면 팀원 모두가 안심하고 무슨 말이든 할 수 있어야 하고, 팀장은 각종 회의를 이런 식의 토론형 회의로 이끌어야 한다. 어떤 아이디어에도 가치가 있다. 내가 정수기 원가를 절반으로 내리자고 했을 때 모두가 말이 안 된다고 했지만, 지나고 보니 그것만이 미로를 빠져나가는 길이었다. 솔직하게 토론하고 최대한 상상할 수 있을 때에야 혁신의 실마리가 잡힌다.

그리고 또 덧붙이고 싶은 것 하나는, 고객과의 접점이다. 앞서 말했듯 회사 업무의 대부분이 책상 위 컴퓨터에서 이루어지기 때문에, 직원들은 자칫 거기 보이는 세계가 전부라고 착각하기 쉽다. 게다가 요즘 직원들은 전화 통화조차 꺼려하기 때문에, 스마트폰 메시지나 컴퓨터의 메일만으로 의사소통이 이루어지는 경우도 많다. 이러면 큰일 난다. 우리는 우리끼리 회사놀이를 하는 게 아니라, 분명히 고객을 만족시키는 '사업'을 하고 있기 때문이다. 사업이란 상대가 존재하는 게임이다. 그런데 자기 머리만으로, 혹은 자기 팀의 의견만으로 사업을 일으키고 진행한다면 그 결과는 불 보듯 뻔하다. 그렇게 자기들만의 생각에 빠져 일을 진행시킨 후, '어? 고객 반응이 생각과 다르네?' 하는 사람이 있다면 사업을 해선 안 된다. 제품을 만들기 전에 제품 사용 후기를 미리 알아내는 것이 사업이다. 국회의원들이 여론조사를 하면서 실시간으로 선거 전략을 수정하듯, 사업도 그렇게 해야 한다. 웅진그룹에선 이런 사전 고객 반응을 반드시, 대규모로 하지 않으면 제품을 출시하지 못한다. 수십억, 수백억 원이 들어가는 제품이 아니라도 그렇다. 고객과 현장에는 늘 다음 사업의 아이템들이 널려 있는데, 거길 가보지 않고, 사줄 사람을 만나지 않고 물건을 만든다는 것이 말이 되는가! 진지하게 사업을 하는 사람이라면 늘 현장에 나가 고객의 소리를 듣는 일을 거르지 말아야 한다.

8. 문제가 생겼을 때부터 새롭게 시작해야
   한다
9. 도전 의식이 있어야 한다
10. 위험을 감수해야 한다

마지막 세 가지는 사업가의 마음가짐에 대한 것이다.

8계명인 '문제가 생겼을 때부터 새롭게 시작해야 한다'는 다음과 같은 뜻이다. 사업을 하다 보면 이런저런 문제가 생긴다. 그런데 시간이 없고 빨리 조치는 해야겠고 하다 보면, 대부분 그 문제를 어떻게든 일단 막고 보는 미봉책만 구하게 된다. 이런 것이 한두 번이면 그냥 지나가지만, 비슷한 문제가 자꾸 터지는데도 계속 이런 식이면 결국 그 사업은 망하게 된다. 사업하는 사람은 문제가 터지는 걸 싫어해선 안 된다. 오히려 고마워해야 한다. 문제는 일종의 신호다. 내가 펼치고 있는 사업의 어떤 부분에 병이 생길 수 있다는 걸 미리 알리는 고마운 신호다. 그게 더 커지면 큰 병이 날 텐데 미리 기침 소리를 내서 일깨워주니 얼마나 감사한가. 그런데 그 부분에서 계속 비슷한 문제가 터진다면? 그건 그 사업 방향 자체에 뭔가 크게 맞지 않는 부분이 있다는 신호다. 그러니 자잘한 처방만 거듭할 게 아니라, 더 큰 시야에서 사업 자체를 다시 점검할 필요가 있다.

그런데 이게 말처럼 쉽지 않다. 이제까지 굴려오던 사업을 원점에서부터 다시 생각한다는 건 참 엄청난 일이다. 하지만 잘못 꿰어진 첫 단추를 무시하고 나머지 단추를 다 끼운다고 해서 옷맵시가 바로잡아지지 않는다. 오히려 미래의 손실만 커질 뿐이다. 망한 주식을 잘 손절하는 결단이 중요하듯이, 사업도 언제고 원점에서부터 다시 생각해보는 용기가 꼭 필요하다. 사업은 반복 게임이다. 이번 한 번만 하고 끝낼 것이 아니다. 특히 오너나 대표, 책임자급은 언제고 사업을 근본에서부터 다시 생각해보는 습관을 길러야 한다.

9계명 '도전 의식이 있어야 한다'와 10계명 '위험을 감수해야 한다'는 사업의 근본에 관한 것이다. 사업이란 무엇인가? 사업이란 사람들이 원하는데 아직 세상에 없는 것을 만들어내서 사람들에게 그 대가로 돈을 받는 것이다. 수많은 형태의 사업이 있는 것 같지만 맨 아래 근본은 이것이다. 사람들이 원하는 것을 주는 것. 하지만 아직 세상에는 없는 것. 이게 사업이다.

그러니 사업은 본질적으로 위험 속에서 태어난다. 고객이 정말 원하는 게 뭔지 정확히 알 수 없기에 위험하고, 설사 그걸 안다고 해도 거기에 딱 맞는 것을 만들어낸다는 보장이 없기에 위험하고, 또 그걸 만들어냈더라도 널리 알리는 것이 어렵기에 위험하고, 설사 그걸 잘 팔았다고 해도 늘 이익이 남는 게 아니기 때문에 위험하다. 그러니 사업은 애초부터 위험한 일투성이다.

그러면 왜 그런 위험투성이인 사업이라는 걸 하는가? 무엇보다 재미있어서 한다. 사업이 잘될 때에는, 남에게 월급을 받아가며 일할 때와는 비교도 할 수 없는 희열을 느낄 수 있다. 또 어려우면 어려운 대로 헤쳐나가는 재미가 있다. 그래서 한번 사업을 해본 사람은 자꾸 사업을 벌이곤 한다. 그리고 세상에 큰 기여를 할 수 있는 방법이기도 하다. 나는 그동안 수십 개의 회사를 세워 수십만 명의 직원을 고용해왔다. 그 직원들이 열심히 일해주어서 여러 사업이 번창했고 그 직원들의 가정도 안정된 생계를 꾸렸을 것이다. 나는 내가 재미있어서 회사를 계속 만들어 나갔지만, 그걸 계기로 수십만 가정이 아이를 키우고 부모를 봉양했다. 그러면서 사회가, 경제가 돌아가는 것이다. 또한 나와 우리 직원들이 열심히 만들어낸 제품과 서비스 들이 소비자가 낸 돈보다 더 큰 만족을 주었을 테니, 그것도 사회에 크게 기여하는 일이다. 이처럼 사업이란 건 참 힘들지만 그만큼 보람도 큰 일이다.

그러니 사업이란 본질적으로 리스크가 큰 것이라는 걸 명심해야 한다. 태생부터 위험 속에서 난 것인데, 세상에 안전하고 확실한 사업이란 건 없다. 처음엔 기회가 보여서 잘 시작했더라도 곧 경쟁자가 생기거나 시장이 바뀌면서 위험이 닥친다. 이때 그저 바짝 움츠러들어서 안전만 꾀하다가는 그대로 가라앉게 된다. 그래서 혁신이 계속돼야 하는 것이다. 안전한 사업, 영원한 사업 같은 건 없다. 일단 시작했으면 늘 시장에 민감하게 열려 있어야 하고, 이 사업이 시장의 흐름과 맞지 않게 됐다 싶으면 과감하게 키를 틀어야 한다. 리스크를 두려워하지 말아야 한다. 이 파도를 잘 넘기면, 남들은 가보지 못한 섬을 발견할 수도 있다. 괴로운 폭풍우를 뚫고 나가면 햇살 가득한 낙원에 도달할 수도 있다. 그게 사업이다. 현실적인 위험을 늘 계산하되, 마음 깊숙하게는 긍정의 낙관을 갖고 나아가야 한다. 웅진그룹은 '사랑은 뜨겁게, 지구는 차갑게'라는 환경 슬로건을 갖고 있다. 사업가는 '머리는 차갑게, 가슴은 뜨겁게' 살아야 한다. 그래야 계속 혁신하며 자기 갱신할 수 있다. 그것이 사업가다.

　나는 그동안 주변에서 숱한 질문을 받아왔는데, 그중에는 사업에 관련된 것이 많다. "회장님, 제게 이러이러한 구상이 있는데 이게 사업이 될까요?" 하고 묻는 것이다. 그러면 나는 그 아이디어나 그 사람의 자질이 아주 나쁘지 않은 한은 "한번 잘 해보시죠" 하고 격려한다. 월급 받는 것만으로는 뭔가 갑갑하거나, 세상을 바꿔볼 야심이 있는 사람이라면 사업을 하라. 요즘은 정말 사업하기 좋은 세상이다. 큰 자본이 없어도, 좋은 대학을 나오지 않았어도, 좋은 아이디어와 도전 정신, 뚝심만 있다면 얼마

든지 성공할 수 있는 세상이 됐다. 나는 지금 세상에 다시 태어난다면 정말 신나게 온갖 사업을 벌일 것 같다. 세상에 온통 배울 것이 널려 있고, 모든 사람들이 온갖 것을 원하고 있는데 이보다 더 좋은 때가 어디 있을 것인가!

자기를 성장시키고 세상에 기여하는 가장 좋은 방법, 나는 그것이 사업이라고 생각한다.

나를 크게 깨우친 행운들은
큰 불안들 뒤에서 나타났다.
이제까지 없던 일은
이제까지 없던 생각에서만 나오는 법이다.

부록 2

세일즈 교육의 꽃, 롤플레잉 교육 방법

롤플레잉의 취지와 효과

브리태니커 한국지사에서 팀장으로 근무할 때 15명 정도의 팀원이 있었다. 그때 우리 팀의 주간 판매 실적 합계가 전국 350명 판매인의 실적을 합친 것보다 많았다. 매주 연속적인 기록은 아니었지만, 상당 기간 동안 전국 판매인 합계를 능가하는 실적을 올렸던 기억이 아직도 생생하다.

  15명의 세일즈맨으로 나머지 350명을 능가하는 것이

어떻게 가능한가? 상식적으로는 불가능한 일이지만 당시 우리 팀은 그걸 해냈다. 그때 함께 일했던 15명의 팀원이 모두 뛰어난 사람은 아니었다. 애초에 내가 뽑은 것도 아니라 이미 입사해 있던 평범한 판매인들이었고, 그중 서너 명은 평균 이하의 실력을 지닌 사람들이었다. 따라서 팀원들이 유달리 훌륭했던 것도 아니다. 그러니 그건 요행도 기적도 아니다. 전략의 승리요, 훈련의 결과였다. 나는 평범한 우리 팀원들에게 일당백의 무기를 쥐여주었다. 그것은 이미 내가 세계 1등을 하면서 검증해온 무기였다. 고객을 사로잡는 나만의 세일즈 방법들! 그걸 내 팀원들의 몸과 마음 속에 옮겨 심어주는 것, 바로 지속적인 롤플레잉Role Playing 훈련으로 만든 진짜 실력이었다.

일종의 역할극인 롤플레잉 훈련은 판매가 이루어지는 실제 상황을 연습해 순발력과 논리력을 키우는 세일즈 교육 방식이다. 일방적인 지식이나 정보 전달이 아닌, 몸으로 익히는 훈련이기 때문에 교육 효과가 확실하다. 세일즈 교육에서 가장 중요할뿐더러 성과가 뚜렷하게 나타

나는 방법이기도 하다. 나와 함께 일했던 15명은 바로 이 롤플레잉으로 무장한 후에 드라마틱한 성과를 내기 시작했다. 롤플레잉 훈련으로 현장 감각이 몸에 밴 15명과, 실전 경험 없이 시행착오를 거듭하며 중구난방으로 전국을 돌아다닌 나머지 350명의 결과는 어찌 보면 당연한 것이다.

자신감을 키우는 롤플레잉

세일즈는 어렵다. 수십 년간 세일즈에 종사한 사람도 늘 영업은 힘들다고 호소한다. 웅진씽크빅 학습지 교사, 전집 큐레이터, 예전 웅진코웨이 시절 코디들이 자주 했던 말 중 하나가 "저는 아무리 해도 영업에 영 자신이 없어요" 같은 것이었다. 판매 일선에 있는 현장 영업인들도 고객에게 맞는 피치(Pitch, 제품 설명) 기술이 부족해서 자신감이 떨어지는 것을 가장 큰 어려움으로 꼽는다.

이 대안이 바로 롤플레잉이다. 롤플레잉 훈련은 자신

의 부족한 점을 발견하여 개선할 수 있는 기회를 만들어 준다. 그리고 여러 상황을 미리 경험해보면서 대응 능력을 기를 수 있고 자신감도 키울 수 있다. 롤플레잉 훈련만 제대로 해도 어지간한 상황에는 당황하지 않는다. 또 동료들이 어떻게 하는지를 보면서 새로운 것을 배울 수 있고, 자신의 부족한 점을 오히려 발견할 수도 있다. 여러 심리치료에서도 이와 비슷한 방식을 사용하는 것으로 알고 있다. 사람은 자기가 하는 말과 행동이 다른 사람 눈에 어떻게 보이는지 거의 모른다. 그래서 자기가 하는 피칭을 남들이 평가하거나, 피칭 과정을 비디오로 찍어서 자기가 보게 되면 그제야 자기 자신을 객관적으로 볼 수 있게 된다. 자기 목소리나 말투가 이렇게 들리는 줄 몰랐다는 사람도 많다. 무엇보다 자기만 몰랐던 여러 단점을 알게 되는 큰 계기가 된다. 그래서 롤플레잉 훈련은 영업을 하는 세일즈맨이라면 누구나 훈련해야 하는 가장 직접적이고 효과적인 교육 방식이다.

롤플레잉 교육 실행방법

롤플레잉 교육장 배치도(예)

① 교육장에 6명 내외의 교육생이 서로를 보면서 둘러앉는다. 마주 볼 수 있는 회의식 교육장은 강의식 교육장보다 친밀한 느낌을 주고 교육 몰입도를 높인다.

② 앞쪽에 판매인과 고객이 마주 앉아 대화할 수 있는 의자를 놓는다.

③ 교육생들 앞에는 상대의 이름을 볼 수 있는 명패를 놓는다. 명패를 놓는 이유는 이름을 불러야 할 상황에 이름이 기억나지 않아 말을 대충 얼버무리는 것을 방지하고, 서로 친근한 분위기를 만들기 위해서다.

④ 교육생 중 한 명은 판매인 역할을 맡고, 다른 한 명은 고객 역할을 맡아 대화를 나눈다.

⑤ 두 사람의 모든 대화를 동영상으로 촬영한다.

롤플레잉 훈련 시 주의 사항

① 코치는 시작에 앞서 교육생들에게 롤플레잉 진행 방법과 주의 사항을 설명한다.

② 교육 인원은 한 번에 10명 내외로 한다. 사람이 너무 많으면 서로에게 피드백을 해주기 어렵고, 인원이 너무 적으면 단점을 지적할 때 부담을 느낄 수 있다.

③ 판매인과 고객의 롤플레잉은 한 번에 20분 정도가 적당하다.

④ 판매인이 말을 할 수 있는 충분한 기회를 만든다. 판매인은 전체 대화의 70퍼센트 정도를, 고객 역할을 맡은 사람은 30퍼센트 이내로 말을 한다. 고객은 판매인의 말을 끊지 않되, 설명이 부족한 부분에 대해서는 질문할 수 있다.

⑤ 교육생들은 촬영한 동영상을 다시 보면서 활발하게 의견을 교환한다.

롤플레잉을 이끄는 코치의 역할

① 롤플레잉은 가르침을 주는 것이 아니라 교육생들이 스스로 깨우치는 교육이다. 코치는 교육생들의 대화 중간에 끼어들지 않는다. 코치가 말을 너무 많이 하는 것도 좋지 않다. 코치의 의견은 교육생들끼리 충분한 토론이 끝난 후 맨 마지막에 덧붙인다.

② 코치는 롤플레잉 훈련을 재미있는 시간으로 이끌어야 한다. 롤플레잉 훈련을 실제 해보면 교육 중에 끊임없이 웃음소리가 터져 나온다. 자신들의 어색하고 부족한 점을 동영상으로 보면서 웃기 때문이다. 참가자들이 재미없어 하거나 지루해한다면 그것은 코치의 교육 운영에 문제가 있는 것이다.

③ 코치는 동영상을 보면서 교육생 전체가 적극적으로 의견을 낼 수 있도록 유도한다.

④ 교육생들이 피드백을 할 때는 칭찬과 지적을 6:4~5:5 정도로 조절한다. 잘한 사람에게는 칭찬이 6, 지적이 4, 잘하지 못한 사람은

칭찬이 4, 지적이 6이 될 수 있다. 칭찬만 하는 것도, 잘못을 지적만 하는 것도 효과가 떨어진다.

롤플레잉 교육의 효과 측정

① 롤플레잉 교육은 판매인의 자질을 높이고, 서비스 수준을 높이는 것이 목표다. 매회 롤플레잉을 가장 잘한 사람을 한 명씩 정해 시상한다. 그리고 가장 잘한 사람의 사례를 영상으로 찍어 세일즈 조직 전체의 교본으로 활용한다.

② 매회 우승자를 선정하고, 우승자들끼리 다시 경쟁을 시키면서 조직 전체를 상향 평준화시켜 나간다.

③ 롤플레잉 훈련은 지속적이고 반복적이어야 한다. 한 번에 그쳐서는 충분한 효과를 기대하기 어렵다. 수준 향상에 따른 지속적인 교육으로 이어져야 한다. 오늘 교육을 했다면, 1~2주 후 다시 교육을 진행한다.

④ 평가 항목을 구분한 평가지를 활용한다. 질문 항목은 너무 많지 않아야 하며 구체적인 답변이 나올 수 있어야 한다.

⑤ 평가지 질문 (예시)

평가 문항	평가 등급
제품의 특징을 잘 설명했는가?	S A B C D
경쟁사 제품과 차별점을 효과적으로 설명했는가?	S A B C D
고객이 이해하기 쉬운 어휘를 사용했는가?	S A B C D
고객의 연령, 상황, 필요에 맞게 설명했는가?	S A B C D
얼굴 표정이 밝고, 목소리에 자신감이 있었는가?	S A B C D
첫인사와 끝인사를 정확히 했는가?	S A B C D
계약 후 해약을 방지하는 클로징 멘트로 마무리했는가?	S A B C D
옷차림과 신발, 화장이 잘 어울리고 조화로웠는가?	S A B C D
손짓, 시선, 인사 각도가 적절했는가?	S A B C D

⑥ 각 항목을 점수로 환산하여 교육생의 종합 점수를 매긴다. 단, 질문의 중요도에 따라 가중을 두어 점수를 정한다. 예를 들면 제품의 핵심을 잘 설명했는지를 묻는 항목은 옷차림을 묻는 질문보다 가중치를 높게 조절한다.

인생을 변화시키는 롤플레잉 훈련

나는 노래를 잘 못한다. 내가 노래를 부르면 첫 소절만 듣고 사람들이 크게 웃는다. 내가 지금까지 가사를 외워 부를 수 있는 노래는 단 두 곡뿐이다. 노래를 못하니까 아예 멀리했고 배우려고 하지도 않았다.

그런 나도 노래를 피할 수 없는 순간이 있다. 판매인 시상식이나 모임에서 노래를 불러달라는 요청을 받을 때다. 나와 오랫동안 함께 일한 판매인들은 내가 노래를 잘 못한다는 것을 알고, 더 짓궂게 노래를 시킨다. 부르기는 싫지만 판매인들을 즐겁게 해주고 싶은 마음에 억지로 노래를 부르곤 했다. 그럴 때마다 수백 명의 판매인들은 어김없이 웃음보가 터진다. 그렇게 나는 노래를 못 부르는 사람으로 살았다.

한번은 우리 회사 영업본부장들과 노래방에 간 적이 있다. 그중 여성 본부장 한 명이 멋지게 노래를 불렀다. 예전부터 노래를 잘한다는 것은 알고 있었지만, 그날은 박자, 음정, 감정까지 가수 못지않게 완벽했다. 노래가 끝나자 박수가 쏟아졌다. 사람들은 그 본부장에게 어떻게 그렇게 노래를 잘 하는지를 물었다.

"저는 노래를 배워야겠다고 결심하면 한 곡을 천 번쯤 불러봅니다. 차를 타고 가면서도 부르고, 청소하거나 설거지 할 때에도 계속 연습을 합니다. 열흘쯤 이렇게 하면 천 번을 부를 수 있습니다."

그 말을 듣고 깜짝 놀랐다. 노래를 그렇게 잘하는 사람도 한 곡을 천 번씩 연습한다는데, 나는 노래를 못한다고만 생각했지 천 번을 연습할 생각조차 해본 적이 없었기 때문이다.

그 일을 계기로 나도 노래를 배우기 시작했다. 일주일에 한 번 노래 강사를 불러 노래를 배웠다. 다음 주에 배울 곡을 미리 알아보고 수업 전까지 열심히 들었다. 그 노래만 무한 반복되게 틀어놓고 차를 타는 내내 그 곡만 듣기도 했다. 어느 날은 차를 타고 지방을 오가는 서너 시간 동안 계속 듣고 따라한 적도 있다. 그렇게 반복해서 들으니까 어느새 가사가 외워졌다. 가사를 외우고 나니 박자와 음정도 따라할 여유가 생겼다. 이렇게 연습한 노래를 수업 시간에 부르면 강사가 중요한 부분을 지적해주었다. 전문가가 몇 가지만 짚어주어도 나 혼자 연습할 때와는 확연히 다르게 음정과 감정을 살릴 수 있었다. 수업 후에는 배운 대로 다시 부르면서 복습을 했다.

얼마 뒤 다시 영업인 행사에 갔다. 또 내가 노래할 차례가 왔다. 나는 연습한 대로 노래를 불렀다. 충분한 연습을 해서인지 이번에는 노래 부르는 것이 두렵지도, 싫지도 않았다. 처음 한 소절을 불렀을 때, 아무도 웃지 않았다. 청중들은 어느새 내 노래에 흥미를 가지고 따라 부르고 있었다. 노래를 다 부르고 나니 우레와 같은 박수가 쏟아졌다. 그때 나를 오랫동안 봐왔던 사회자가 이렇게 말했다.

"이 세상에 안 되는 일은 하나도 없습니다. 우리 회장님이 노래 연습을 하시더니 이렇게 달라질 수도 있군요!"

물론 아직도 한참 모자라는 실력이지만 이전과는 확연하게 달라진 것이다. 연습과 노력으로 이룬 나의 성과에

많은 사람들이 깜짝 놀랐다. 반복적인 연습으로 몸에 익힌다는 것은 바로 이런 것이다. 반드시 일정한 시간과 노력이 뒷받침되어야 한다. 롤플레잉도 주기적으로, 반복적으로, 지속적으로 연습해야 하는 이유다.

나는 아직도 2018년 평창 동계올림픽에서 국가대표 컬링팀이 준 기쁨을 잊지 못한다. "영미! 영미!"를 외치던 그들이 타고난 재능을 지닌 운동선수라고 하기는 어렵다. 경북 의성여고에서 취미로 컬링을 시작했던 선수들은 지속적인 연습과 팀워크로 세계 최고의 팀으로 성장했다. 이 선수들 못지않게 칭찬받아야 할 사람이 바로 국가대표 컬링팀 감독이다. 컬링팀 감독은 선수들의 장점을 극대화하고 단점을 보완하는 훈련으로 세계 정상급 팀을 만들었다. 여자 컬링 대표 선수들은 실제 경기에 나갔을 때 세계 최강 캐나다, 스위스, 러시아와 맞서도 떨지 않았다. 실전에 가까운 연습으로 실력을 키웠기 때문이다.

판매, 영업직 중에도 뛰어난 재능을 지닌 사람들이 있다. 선천적으로 말재주를 가진 사람들은 빠른 시간에 큰 성과를 만드는 것이 사실이다. 그러나 타고난 재능만으로 최고 수준을 계속 유지하기는 어렵다. 어느 경우에도 연습을 이겨내는 재능은 없다.

판매인이 가장 극적으로 변화할 수 있는 것은 교육이다. 그중에서도 롤플레잉은 내용 면에서 가장 실용적이며, 판매인의 자질을 가장 빠른 시간에 향상시킬 수 있는 교육 방식이다.

롤플레잉은 때로 판매인의 인생을 변화시키기도 한다. 말의 내용, 말투, 표정, 몸짓, 목소리, 옷차림까지 교정을 받기 때문에 이전과는 확실히 달라진다. 전문 지식과 함께 자신을 아름답게 가꾸는 방법까지 익히면서 직업의 자부심은 물론이고 인생에 대한 자신감까지 얻는다.

내가 브리태니커 사에서 세일즈 매니저로 전국적인 이름을 날릴 수 있었던 것도 롤플레잉 교육 덕분이다. 나는 판매인들에게 지속적으로 롤플레잉 교육을 했고, 끊임없이 피드백을 했다. 그저 평범했던 15명의 판매인들이 교육과 연습을 통해 전국 최고의 세일즈맨으로 발전했다.

롤플레잉은 자기 발전을 위한 교육 방식이다. 강사의 일방적인 가르침이 아닌, 자신의 모습을 동영상으로 보면서 장점과 단점을 스스로 깨우치기 때문에 효과가 매우 높다. 단점을 지적받더라도 교육 상황이기 때문에 기분 나쁘지 않게 받아들이고, 고치려고 노력한다.

롤플레잉은 판매인들에게 자신감을 심어주고, 자기계발의 기회를 제공할 것이다. 이들의 미래는 이 롤플레잉을 얼마나 이해하고 적극적으로 실행하느냐에 따라 판가름 난다고 해도 과언이 아니다.

판매인들이여, 롤플레잉에 최선을 다하고 스스로를 혁신하라. 그러면 원하던 미래는 그리 멀지 않을 것이다.

말의 힘

초판 1쇄 발행 2024년 12월 4일
초판 7쇄 발행 2025년 9월 29일

지은이 윤석금

발행인 윤승현 **단행본사업본부장** 신동해
편집장 김예원 **책임편집** 김서영
표지 디자인 최희종 **본문 디자인** 김은정
마케팅 최혜진 이인국 **홍보** 허지호 **제작** 정석훈

브랜드 리더스북
주소 경기도 파주시 회동길 20
문의전화 031-956-7212(편집) 031-956-7089(마케팅)
홈페이지 www.wjbooks.co.kr
인스타그램 www.instagram.com/woongjin_readers
페이스북 www.facebook.com/woongjinreaders
블로그 blog.naver.com/wj_booking

발행처 ㈜웅진씽크빅
출판신고 1980년 3월 29일 제406-2007-000046호

© 윤석금, 2024
ISBN 978-89-01-29032-4 03320

- 리더스북은 ㈜웅진씽크빅 단행본사업본부의 브랜드입니다.
- 이 책은 저작권법에 의해 한국 내에서 보호를 받는 저작물이므로 무단전재와 무단복제를 금합니다.
- 이 책 내용의 전부 또는 일부를 이용하려면 반드시 저작권자와 ㈜웅진씽크빅의 서면 동의를 받아야 합니다.
- 책값은 뒤표지에 있습니다.
- 잘못된 책은 구입하신 곳에서 바꾸어 드립니다.